AF322119

DE

L'INDÉPENDANCE CIVILE

CHEZ LES FRANÇAIS

EN 1862

PAR

M. TESSIER DE RAUSCHENBERG

Avocat

In legibus salus.

PARIS

LIBRAIRIE ADMINISTRATIVE ET CLASSIQUE DE PAUL DUPONT

Rue de Grenelle-Saint-Honoré, 45

1862

DE

L'INDÉPENDANCE CIVILE

CHEZ LES FRANÇAIS

EN 1862.

PARIS, IMP. PAUL DUPONT, RUE DE GRENELLE-SAINT-HONORÉ, 45.

DE

L'INDÉPENDANCE CIVILE

CHEZ LES FRANÇAIS

EN 1862

PAR

M. TESSIER DE RAUSCHENBERG,

Avocat.

In legibus salus.

PARIS,

LIBRAIRIE ADMINISTRATIVE ET CLASSIQUE DE PAUL DUPONT,

Rue de Grenelle-Saint-Honoré, 5.

1862.

DE

L'INDÉPENDANCE CIVILE

CHEZ LES FRANÇAIS

EN 1862.

CHAPITRE PREMIER.

DE L'INDÉPENDANCE CIVILE.

I.

J'ai entrepris d'écrire sur des choses qui sont de l'intérêt de tout le monde. Je cherche à provoquer un examen des lois sur l'indépendance civile. Une protection légale absolue couvre-t-elle la première, la plus utile richesse des temps modernes?

La question ainsi posée, quel être humain peut y rester indifférent?

L'artiste n'étudie d'ordinaire que les œuvres se rattachant à l'idéal; le savant regarde rarement

au delà de ses chiffres et de ses creusets. Quel que
soit ce livre, ils me liront pourtant, s'ils savent
que c'est d'eux-mêmes qu'il est question; s'ils
savent qu'il s'agit de la liberté de leur personne,
de la liberté de leur corps.

Au malheureux, au faible, je parle du seul bien
qu'il ait dans la vie.

Il est, au fond des âmes d'élite, une vertu, la
plus féconde et la plus adorable, qui les rattache
étroitement à tous les hommes, et qui les fait
réellement souffrir des malheurs d'autrui. Cette
vertu, c'est la bonté; elle donne toujours à une
cause juste les plus énergiques, les plus généreux
des alliés.

Celui qui soutiendrait qu'une étude sur l'arrestation des individus n'a rien pour l'intéresser,
sous prétexte qu'une position considérable le met
au-dessus d'un pareil sujet, ferait preuve de plus de
sagesse, en se disant qu'un moment peut venir où
ses amis, ses enfants, s'estimeront heureux de
trouver en France des lois tutélaires, fermant les
voies à toute mesure inique. Qui sait? affirmerait-il

que, lui-même, il ne sera pas un jour délaissé de la fortune; qu'il n'aura jamais besoin d'en appeler aux lois? et s'il lui arrivait de n'avoir plus qu'un appui, la loi! et s'il lui arrivait de n'avoir plus qu'un ami, la loi!

Qu'il se hâte de faire usage des moyens d'action et de l'importance que donne la grandeur, pour chercher et pour faire admettre, si elles n'existent pas, des sûretés dont il peut, lui comme tout autre, avoir à réclamer le bénéfice. S'imaginer qu'on ne pourra jamais se voir dans la nécessité d'invoquer, pour son corps, la protection légale, c'est raisonner sottement. Les hommes les plus inoffensifs peuvent être soupçonnés; les plus grands, les plus forts deviennent quelquefois les plus malheureux et les plus menacés : vérité banale, rebattue, perpétuellement confirmée par les leçons des faits. Pourquoi cet enseignement resterait-il sans fruit?

Tout le monde est intéressé à savoir si les lois, en ce qui touche l'indépendance civile, sont arrivées à ce degré de perfection relative qui est ici-bas le dernier terme.

Supposons qu'un examen loyal force d'avouer qu'il reste quelque chose à faire, même en un seul point ; dans ce cas, ne serait-il pas à propos de porter remède au mal immédiatement?

Fasse le ciel que la passion politique ne se mêle pas à la discussion ! Point d'intérêt de parti ; soutenons un intérêt d'humanité.

II.

Des écrivains ne voient dans les choses de leur temps que des sujets de se plaindre ou de s'irriter. Les uns, espérant tout de l'avenir, rêvent une félicité *qui les fait pleurer de tendresse*, mais qui doit rester dans les limbes du néant, si l'humanité n'obtient pas la grâce d'une entière transfiguration, équivalant à une création nouvelle. Les autres n'aiment et n'admirent que le passé; plus les temps sont reculés et obscurs, plus ils les trouvent dignes de louanges; sont-ils certains de les bien voir?

Le présent, les uns et les autres semblent

s'être concertés pour le poursuivre de leur colère et de leur mépris. J'ai la prétention de me montrer plus juste, quand je remercie Dieu de tout ce qu'il donne à nos jours.

Mais, puisque rien ne nous oblige à dire que tout est parfait, demandons-nous, avant toutes choses, si les droits de l'individu, par rapport à sa liberté civile, ne pourraient pas être réglementés autrement et mieux qu'ils ne le sont? Que des légistes habiles parlent au nom du Code d'instruction criminelle et démontrent que tous ses articles sont au-dessus de la critique : sur un sujet important, il est utile que la lumière se fasse.

Tous les publicistes admettent ce principe général, c'est que des lois sont insuffisantes qui ne rendent pas impossibles, — autant que des institutions humaines peuvent le faire dans leur faiblesse, — les rigueurs inutiles, l'erreur et la violence. Qu'est-ce que vous doit la loi en retour de votre déférence, de votre soumission volontaire? Elle vous doit la sécurité, la confiance. La sécurité, c'est quelque chose d'actuel, d'effectif. La confiance s'adresse à l'imagination, à l'idée ; elle regarde l'avenir. La paix de l'âme et du corps, voilà ce que la loi donnera, si elle est bonne. Cette idée doit animer surtout les lois criminelles, puisqu'elles ont action principalement sur la personne des individus.

III.

En montant le grand escalier qui mène aux Chambres de la Cour d'appel de Paris, on remarque une statue tenant entre ses bras un livre sur lequel est écrit : *in legibus salus,* le salut dans les lois. Cette maxime admirable, c'est le principe même de la vie des États qui n'admettent pas le régime de l'autorité absolue ; cette maxime, c'est la meilleure protection de l'indépendance civile. '

L'article 56 du Code d'instruction criminelle, tel qu'il a été rédigé par une loi de 1856, permet que l'instruction des affaires criminelles soit confiée à des juges suppléants.

Transportons ce texte chez un peuple étranger, où les révolutions sont dans l'ordre des choses prochaines; qu'arriverait-il, si une faction violente y renversait le gouvernement régulier? Sur-le-champ les vainqueurs auraient le droit de destituer tous les juges suppléants qui ne seraient pas à eux et de mettre en leur place des créatures dévouées, à qui tous les pouvoirs de l'instruction seraient remis un jour ou l'autre, et dont l'ardente obéissance irait même au-devant de tous les ordres. Je supplie qu'on me démontre que ce peuple trouverait là le salut.

Trouver le salut dans les lois, c'est le vœu du jour. Félicitons-nous d'un tel sentiment, puisqu'il donne la plus solide preuve de la force morale d'un peuple.

Dans une société qui se fonde ou bien qui se dissout, bouleversée par tous les désordres et toutes les violences, ce n'est pas vers la loi que se tournent les idées, les cris, les espérances. En des temps de confusion, la loi n'est qu'un mot. C'est aux hommes qu'on s'adresse. Où trouver le salut?

dans la protection d'un homme, d'un Grand. Quelle est la signification de ce fait? C'est que, pour les faibles, il n'y a point de justice, ni de droit, s'ils n'appellent pas à leur aide un pouvoir individuel. La volonté d'un homme, s'il a la force, devient la justice et le droit ; cette volonté toujours mobile s'achète ou se gagne, pour un temps, par des services, des flatteries, de la soumission ou de l'argent. On se donne un maître ou l'on se dé-pouille. Que deviennent, au sein de ces exigences, les sentiments du devoir, du vrai, du juste? La morale, la sécurité et la confiance disparaissent dans le même naufrage.

Aujourd'hui, on veut, pour tous comme pour soi-même, une protection immuable, et qui soit toute faite, sans qu'on ait besoin ni de recourir à des bassesses, ni de corrompre : cette protection, c'est la loi. Jouir à la fois de son droit et de sa di-gnité, il n'est rien de plus parfait. Il est facile de comprendre combien la moralisation gagne à ce système. Les hommes n'acceptent plus de se faire ni dépendants, ni déshonnêtes, dans le but d'obtenir justice et sécurité. Aussi, ils se rattachent obstinément à cette formule dont ils comprennent tout le prix : le salut dans les lois. Ils tiennent à son application en toutes matières, et surtout en matière de liberté civile.

Là est véritablement la volonté publique.

IV.

Ce n'est pas pour un mot sonore qu'elle se laissera émouvoir ; des événements récents ont instruit tout le monde ; les idées justes sont trop répandues pour que la majorité se laisse prendre à des chimères.

Si l'on s'en tient à la théorie de l'essai le plus rapproché, ce qui, en France, distingue principalement la république d'avec la monarchie moderne, c'est que, dans la république, le pouvoir exécutif n'est pas héréditaire ; il est remis aux mains d'un Président pour un temps déterminé. Eh bien ! qu'avons-nous vu ? Qu'est-ce que l'expérience nous a appris ? C'est que ce mode de gouvernement est accompagné de désordres, de troubles, provoqués et entretenus par les passions mauvaises, et qu'enfin il aboutit à un coup d'État. C'est revenir au point de départ, au moins quant à la forme générale du gouvernement.

Le plus grand nombre est convaincu qu'avec une monarchie, organisée comme il convient, donnant la stabilité par l'hérédité, on peut jouir, en outre, de tous les biens promis sous un autre nom.

En adoptant une formule générale, on peut dire que les nations montrent, presque partout, un travail incessant, mais qui, par malheur, n'est pas toujours exempt de violence, pour se ranger sous des lois justes et fermes qui accomplissent la réalisation de cette idée : respect à la dignité humaine.

L'indépendance civile assurée, le plus grand pas est fait.

V.

Deux choses sont nécessaires pour que l'indépendance civile soit une vérité. Il faut d'abord que le principe lui-même soit accepté, reconnu, proclamé. Il faut ensuite que le fait soit d'accord avec le principe. On a ainsi deux termes qui doivent être en harmonie l'un avec l'autre :

L'idée, l'application.

Première question : l'idée de l'indépendance civile a-t-elle irrévocablement conquis droit de cité ?

VI.

Il existe en France ce qu'on pourrait appeler un Code des idées formant la base fondamentale d'un système particulier de gouvernement. La constitution de 1852 pose ces idées comme les règles absolues de l'avenir, lorsqu'elle dit dans son article 1er :

« La constitution reconnaît, confirme et garan-
« tit les grands principes proclamés en 1789, et
« qui sont la base du droit public des Français. »

Quels sont ces principes ? par qui ont-ils été

formulés? que disent-ils de l'indépendance civile? Voilà ce qu'il convient d'examiner pour trouver une réponse à la première question.

Tout le monde sait que les Anglais n'ont pas de constitution écrite. Les principes qui règlent leur société politique passent de génération en génération, sous forme de coutumes, de traditions, de précédents. En France, depuis plus d'un demi-siècle, les constitutions se sont succédées avec rapidité ; on ne peut pas en citer une qui ait vécu plus de dix-huit ans. Ce serait se tromper que d'espérer trouver inscrites une à une, dans la constitution de 1852, aujourd'hui en vigueur, toutes les bases nombreuses sur lesquelles repose actuellement l'association politique des Français.

Ces bases forment une sorte de constitution éparse, comme l'est celle qui régit l'Angleterre ; elles datent de l'année indiquée par l'article 1er de la constitution de 1852, et elles ont survécu jusqu'à aujourd'hui à toutes les anciennes constitutions solennellement rédigées. En se reportant à l'époque où elles furent posées, en étudiant le caractère de ce temps, on voit qu'elles ont dû se relier aux idées suivantes :

« La Divinité, en faisant de nous des hommes,
« disaient les philosophes du XVIIIe siècle, nous
« a donné des droits, et aussi nous a imposé des
« devoirs. Les individus, en s'associant pour cons-
« tituer une tribu, un peuple, doivent forcément
« modifier, sur certains points et dans une cer-
« taine mesure, ce qu'il peut y avoir de trop ab-
« solu dans les inspirations purement naturelles.
« Mais quelles seront ces modifications? Nous
« voulons bien subir les restrictions qui seront
« indispensables, parce que nous comprenons tout
« l'intérêt que nous avons à la conservation de
« la société, mais nous ne voulons pas subir des
« exigences outrées. Qu'on retranche de l'exercice
« des droits naturels tout ce qui pourrait nuire à
« la société et à nos associés, c'est tout ce que
« nous devons supporter; rien de plus. »

Ces idées paraissent avoir été générales à la fin du siècle dernier, et acceptées par ceux-mêmes qui avaient intérêt à les combattre. De cet assentiment sont sorties les nouvelles conditions de l'association civile et politique.

« Le retour aux idées de droit naturel, de prin-
« cipes naturels, le sentiment et le respect de la
« nature, disent un grand nombre de philosophes
« de nos jours, devaient amener ce résultat. Dans
« des moments de dévouement, d'enthousiasme,
« où chacun avait la passion du juste et du vrai,
« et dont la nuit du 4 août a été comme le type
« impérissable, le clergé, la noblesse, n'ont plus
« voulu de ces prérogatives que le passé avait éta-
« blies en leur faveur. Dans un admirable élan,
« les privilégiés ont renoncé au profit de leurs
« semblables, à tout ce que les lois natu-
« relles répudiaient. La postérité ne cessera de
« bénir les noms de ceux qui ont assez aimé l'hu-
« manité pour considérer tous les hommes, sans
« exception, comme des êtres d'une même race,
« et pour leur concéder de plein gré l'exercice
« de tous les droits. Que l'oubli couvre tout,
« excepté le bienfait ! »

Voilà quelles sont les idées qui ont donné naissance aux règles qu'on appelle les principes de 1789 ; voilà ce que bien des gens disent à propos de ces principes.

Plusieurs les redoutent, les croyant dangereux. Cependant, la nuit du 4 août, le discours prononcé à l'assemblée constituante, dans la séance du 4 février 1790, par le roi Louis XVI, doivent leur servir de garants. La Constitution de 1852 leur a donné une consécration nouvelle.

Voyons quelle place l'idée de l'indépendance civile tient parmi ces idées de droit public.

VII.

Où peut-on trouver ces idées? dans quels textes sont-elles renfermées? On est obligé de les chercher dans des lois, des déclarations, des décrets des années 1789, 1790, 1791, et dans la Constitution des 3-14 septembre 1791.

Leur intérêt est général ; elles n'ont pas trait seulement à des droits, elles tracent aussi des devoirs rigoureux. La liste complète de tous les articles serait longue ; malgré leur importance, qu'il soit permis de n'en donner qu'un abrégé et d'énumérer seulement les principales d'entre les bases de droit public adoptées en 1789, et parmi lesquelles nous prendrons, pour les réunir, celles qui se rattachent à notre sujet.

VIII.

« La liberté individuelle.

« L'égalité des droits et des devoirs.

« La propriété est un droit inviolable et sacré. » Toute expropriation légalement réclamée par l'Etat sera précédée du payement d'une juste indemnité.

« La sûreté.

« La résistance à l'oppression, » qu'il ne faut pas prendre pour le droit à l'insurrection consigné dans la Constitution de 1793. Le droit à l'insur-

rection, c'est le désordre et le massacre en permanence. La constitution de 1791 déclare qu'on
a le droit de se plaindre, suivant les lois, de tout
acte contraire au droit.

« Plus de droits féodaux. » La noblesse, telle
qu'elle subsiste aujourd'hui, n'a rien de féodal ;
elle n'implique ni la domination d'un homme sur
un autre, ni le droit d'être préféré pour un honneur ou pour une fonction. Elle atteste qu'il a été
rendu des services ; c'est une Légion d'honneur
héréditaire.

« La loi faite par la nation ou ses représentants. » Ainsi, c'est une loi faite par la nation
qui, vers la fin de l'année 1852, a élevé Napoléon III à l'empire.

« Tous les citoyens, catholiques ou non, admis-
« sibles à toutes dignités, places et emplois publics
« civils et militaires, selon leurs capacités, et sans
« autre distinction que celle de leurs vertus et de
« leurs talents.

« Plus d'hérédité d'aucun office public.

« Point d'accusation ni d'arrestation arbitraires.

« Obéissance à la loi ; un innocent devient cou-
« pable par sa résistance.

« Les lois n'ont point d'effet rétroactif.

« Présomption de l'innocence de l'accusé.

« Point de rigueurs inutiles contre les prévenus.

« Abolition de toute torture.

« Liberté des opinions.

« Liberté de conscience, pourvu que, dans
« l'exercice de ce droit et du précédent, l'ordre
« public établi par la loi ne souffre aucun
« trouble.

« Droit de parler, d'écrire et d'imprimer libre-
« ment, sauf à répondre de l'abus de cette li-
« berté. » Où commence l'abus ? Par qui l'abus
sera-t-il déclaré ? Par qui et comment sera-t-il
réprimé ? Peu de questions ont donné lieu à autant
de controverses, à autant de solutions différentes.
L'histoire nous montre les deux points extrêmes.
Le 9 décembre 1694, M. de Pontchartrain
écrit à d'Herbigny, intendant, que deux libraires
ont été condamnés dans la ville de Paris, et exécutés à mort, pour impression et distribution de

libelles (*Documents inédits sur l'histoire de France; correspondance administrative sous Louis XIV,* vol. 2, page 705). Un siècle plus tard, se déchaînaient les hideuses colères du père Duchesne.

« La force publique est instituée pour l'avantage « de tous.

« L'impôt est indispensable.

« Il doit être réparti également entre tous les « citoyens en raison de leurs facultés. » — L'impôt proportionnel est le seul juste. L'impôt progressif n'est qu'un moyen d'établir entre tous les citoyens l'égalité dans l'indigence ; il est la destruction de la richesse et du travail qui la donne.

« La nation, par ses représentants, consent li-« brement l'impôt, en détermine la quotité, en « suit l'emploi.

« Tout agent public est responsable de son ad-« ministration. » — L'article 75 de la constitution du 22 frimaire an VIII donne au Conseil d'Etat une juridiction préalable en matière de poursuite contre les agents du Gouvernement. Un publiciste célèbre se montre sévère contre cet article. Je cite textuellement les termes que **M.** de Tocqueville emploie :

« L'article parut si bien imaginé qu'en détrui-
« sant la Constitution dont il faisait partie, on eut
« soin de le tirer du milieu des ruines, et que
« depuis on l'a toujours tenu soigneusement à l'a-
« bri des révolutions. Les administrateurs ont en-
« core coutume d'appeler le privilége qui leur est
« accordé par cet article une des grandes con-
« quêtes de 89 ; mais en cela ils se trompent éga-
« lement, car, sous l'ancienne monarchie, le Gou-
« vernement n'avait guère moins de soin que de
« nos jours d'éviter aux fonctionnaires le désa-
« grément d'avoir à se confesser à la justice,
« comme de simples citoyens. La seule différence
« essentielle entre les deux époques est celle-ci :
« avant la Révolution, le Gouvernement ne pouvait
« couvrir ses agents qu'en recourant à des mesures
« illégales et arbitraires, tandis que depuis il a
« pu légalement leur laisser violer les lois. »

Ces lignes sont prises dans le chapitre **IV** de l'ouvrage intitulé : l'*Ancien Régime et la Révolution*.

« Les droits doivent être garantis.

« La séparation des pouvoirs doit être déter-
« minée.

« Il n'y a plus d'autre supériorité que celle des
« fonctionnaires publics dans l'exercice de leurs
« fonctions.

« Le droit commun de tous les Français est le
« même pour tous, sans aucune distinction de
« personnes.

« Plus de jurandes ni de corporations; liberté
« des arts et métiers, du commerce et de l'indus-
« trie.

« Liberté de s'assembler paisiblement et sans
« armes, en satisfaisant aux lois de police. » Cette
liberté n'a pas toujours été réglementée de la même
manière.

« Liberté d'adresser aux autorités constituées
« des pétitions signées individuellement.

« Tous les citoyens sont électeurs, sauf quel-
« ques rares exceptions. » Le suffrage à deux
degrés a fonctionné quelque temps.

« Le trône est héréditaire.

« Le souverain exerce le pouvoir exécutif.

« La justice sera rendue gratuitement.

« L'instruction des jugements sera publique.

« On ne pourra refuser aux accusés le secours
« d'un conseil. » — La défense est en effet de droit
naturel, puisque l'attaque appelle instinctivement
la résistance.

« Les jugements seront motivés.

« Nul homme ne peut être saisi que pour être
« conduit devant l'officier de police.

« Nul ne peut être distrait de ses juges natu-
« rels. »

Telles sont les principales d'entre les idées ad-
mises en 1789.

On ne trouve pas dans leur nomenclature l'inamovibilité des magistrats. La Constitution de 1791
a repoussé ce droit, probablement par haine et
par défiance de tout ce qui pouvait faire ressem-
bler la nouvelle magistrature à l'institution des
Parlements. Cette répugnance contre la stabilité de
la fonction a fait place, avec le temps, à des idées
plus justes. L'article 68 de la Constitution du

22 frimaire an VIII a déclaré que les juges conserveraient leurs fonctions toute leur vie. Les justiciables comprennent l'extrême importance de cette fixité. Elle est un des plus fermes appuis de l'indépendance civile. L'inamovibilité des magistrats est considérée, de nos jours, comme indispensable.

IX.

En lisant les règles de droit que nous avons énumérées, sans étude de classement, dans le paragraphe ci-dessus, on a vu que l'indépendance civile tient parmi elles une place très-élevée. La Constitution de 1791 pose la liberté individuelle au premier rang des droits dont elle reconnaît la jouissance et garantit l'exercice. Non-seulement la liberté individuelle vient en première ligne, mais à diverses reprises il est recommandé des précautions, posé des préceptes qui se rattachent à elle comme à l'idée supérieure et dominant un vaste ensemble.

La sûreté, par exemple, ne protége pas seulement la vie ; elle se rapporte aussi à l'indépendance individuelle. C'est l'idée de la liberté civile qui inspire, cela va de soi, lorsqu'il est dit : point d'arrestation arbitraire ; point de rigueurs inutiles, parce que l'accusé est présumé innocent jusqu'à ce qu'il soit jugé ; l'individu arrêté sera conduit immédiatement devant l'officier de justice ; l'accusé recevra toujours le secours d'un conseil. Dans un autre ordre d'idées, l'indépendance civile est protégée par cette affirmation : la seule supériorité, dans l'ordre politique, c'est celle des fonctionnaires dans l'exercice de leurs fonctions. — Ainsi rien n'est plus net, ni plus formel.

De 1789 venons à nos jours : l'article 1er de la Constitution de 1852 consacre implicitement le principe de l'indépendance civile ; la négation ne serait pas soutenable. Depuis 1852, rien n'a changé. Toutes les fois que l'occasion le permet, les principes de 1789 sont solennellement rappelés, invoqués.

— La réponse à la première question posée au paragraphe V est faite : l'idée de l'indépendance civile est irrévocablement acquise à notre temps.

X.

L'idée n'est pas tout, nous l'avons dit. Il reste à savoir comment son application est comprise et pratiquée. C'est ce qui fait l'objet d'une seconde question. La réponse sera renfermée dans le chapitre II, qui exposera l'état de la législation actuelle sur l'indépendance civile.

XI.

Qu'il soit bien entendu, dès à présent, que nous chercherons cette réponse principalement dans le Code d'instruction criminelle. Une étude sur le droit commun ne doit que rarement s'écarter du recueil solennel où les législateurs ont inséré des décisions prises avec calme, et à la suite de délibérations que rien n'a troublées ni influencées.

Que Dieu nous préserve de voir revivre quelqu'une de ces lois connues sous le nom de lois d'exception et dont le souvenir seul épouvante ! La Constitution de 1791 dit quelque part : « Le pou- « voir législatif ne pourra faire aucune loi qui « porte atteinte et mette obstacle à l'exercice des « droits naturels et civils consignés dans la Con- « stitution. »

C'est à la loi qu'il appartient de définir jusqu'où doit s'étendre l'exercice des droits naturels et civils ; et, dans l'intérêt de la conservation de la société, elle a le droit de défendre et de punir tout acte qui léserait les droits d'autrui, les droits de la société. Le premier caractère de la loi, c'est donc la conciliation réfléchie et sincère des droits de l'individu vis-à-vis de la société avec les droits de la société sur l'individu. Cet équilibre ne peut pas être rompu sans que de suite il n'y ait souffrance d'un côté ou de l'autre.

La loi, comme l'individu, peut se tromper. Dans ce cas même, elle a droit à tous nos respects, et elle appelle l'examen pour qu'une révision soit démontrée nécessaire et soit demandée. Mais comment qualifier une loi où la pondération que nous venons d'indiquer est manifestement violée, la loi dite des suspects, par exemple, du 17 septembre 1793? Ce n'est qu'une infamie; ce n'est pas une loi.

Citons les deux premiers articles :

« ART. 1ᵉʳ. — Immédiatement après la publi-
« cation du présent décret, tous les gens suspects
« qui se trouvent dans le territoire de la Républi-
« que et qui sont encore en liberté, seront mis en
« état d'arrestation.

« ART. 2. — Sont réputés gens suspects :
« 1º Ceux qui, soit par leur conduite, soit par
« leurs relations, soit par leurs propos ou leurs
« écrits, se sont montrés partisans de la tyrannie
« ou du fédéralisme et ennemis de la liberté;
« 2º ceux qui ne pourront pas justifier, de la ma-
« nière prescrite par le décret du 21 mars der-
« nier. de leurs moyens d'exister et de l'acquit de

« leurs devoirs civiques ; 3° ceux à qui il a été
« refusé des certificats de civisme ; 4° les fonc-
« tionnaires publics suspendus ou destitués de leurs
« fonctions par la Convention nationale ou par ses
« commissaires, et non réintégrés, et notamment
« ceux qui ont été ou doivent être destitués en
« vertu du décret du 14 août dernier; 5° ceux des
« ci-devant nobles, ensemble les maris, femmes,
« pères, mères, fils ou filles, frères ou sœurs et
« agents d'émigrés qui n'ont pas constamment
« manifesté leur attachement à la Révolution ;
« 6° ceux qui ont émigré dans l'intervalle du
« 1er juillet 1789 à la publication du décret du
« 30 mars-8 avril 1792, quoiqu'ils soient rentrés
« en France dans le délai fixé par ce décret ou
« précédemment. »

Non, ce n'est pas là une loi ; ce n'est qu'un acte
de crainte, de haine, de fureur, indigne du nom
sacré de loi. Au mois de septembre 1793, il n'é-
tait plus question ni des principes de 1789, ni de
l'indépendance civile.

XII.

Des lois présentes, celles insérées au Code d'instruction criminelle et celles s'y rattachant intimement seront seules étudiées. Leurs combinaisons sont-elles assez excellentes pour que rien, ni l'époque, ni les hommes, ne puisse jamais léser les droits de la liberté civile?

Quand bien même cette infaillibilité n'existerait pas, nul ne songerait aujourd'hui à s'en plaindre avec irritation. Ce qui empêche tout emportement, c'est que, à supposer que des sûretés nécessaires fassent défaut en droit commun, les inculpés ne souffrent pas actuellement. Une autre raison, c'est le désir presque partout répandu de ne rien faire qui puisse attirer, de près ou de loin, quelque embarras à l'ordre de choses actuel.

En même temps, en effet, que nous pouvons noter les dévouements assurés à la dynastie et la confiance inspirée par son chef, affirmons que chacun garde le souvenir vivace des journées de juin, et aussi des insurrections qui ont ensanglanté plusieurs départements.

Tous ces hommes, qui ont ressenti tant de craintes légitimes, qui ont tremblé pour leurs enfants, pour l'avenir de leur pays, ce sont eux qui occupent la presque totalité des emplois publics, et qui, dominant dans les villes, dans les communes rurales, tiennent dans leur dépendance la génération nouvelle. Or, ce qu'ils redoutent, c'est le retour de ces temps qu'ils n'oublieront pas. Aussi leurs désirs, quelque légitimes qu'ils puissent être, ne revêtiront jamais une formule irritante.

Les gens honorables qui ne sont pas les partisans du régime actuel, aiment trop leur pays pour chercher à le précipiter à nouveau dans des troubles sanglants. A cette horreur juste et profonde des mouvements révolutionnaires se joint un sentiment de reconnaissance, sinon d'attachement, pour le Prince qui a mis fin à l'agitation, aux craintes du moment, et qui a fait revivre la paix civile et l'ordre.

Ajoutez la satisfaction que tous les partis, sans aucune réserve, il est précieux de le penser, ressentent à la vue de la grandeur de notre patrie. On dit que la victoire nous rend patients. Les premières années de ce siècle montrent ce qu'il en est. Dans cette glorieuse époque, le sceptre semblait moins lourd, parce qu'il était enveloppé de lauriers.

XIII.

Mais les tendances de l'esprit humain restent les mêmes, bien qu'elles ne se manifestent pas bruyamment. La partie immatérielle de l'homme, comme tout dans ce monde, est soumise à la loi d'action, et la passion du mieux l'entraîne en avant aujourd'hui, de même qu'autrefois. L'âme ne cesse pas de désirer.

Ses vœux incessamment formés sont compatibles avec la tranquillité publique, et ne lui apportent pas nécessairement le trouble. C'est une résistance

irréfléchie qui cause tout le mal. Grâce à l'initiative actuellement prise par qui de droit, beaucoup
d'aspirations légitimes ont déjà été satisfaites.
Aussi presque tout le monde pense que, si le perfectionnement de quelque loi, de quelque institution est désirable, ce perfectionnement doit être
obtenu d'une entente mutuelle. La volonté a dé-
pouillé toute violence; mais, malgré son calme,
elle n'est pas moins tenace.

XIV.

Dans une société comme la nôtre, le nombre est
grand des choses dont le changement n'est pas
désiré, et de celles dont l'amélioration n'est
souhaitée qu'avec mollesse. Sans doute, les premières sont réglementées à merveille; peut-être
les secondes n'ont-elles pas le privilége de remuer
vivement les passions humaines.

Ainsi le monde ne renferme pas de pays où les
droits des biens, où les biens, pour parler le lan-

gage ordinaire, soient protégés aussi parfaitement qu'en France. Mais pourtant les érudits, les praticiens, signalent çà et là quelques imperfections. Où n'y en a-t-il pas? Eh bien! le plus grand nombre d'entre nous s'en préoccupe médiocrement; on en raisonne avec le plus parfait sang-froid; on s'en plaint sans amertume, et je suis prêt à jurer qu'il ne sera jamais fait une révolution pour obtenir la réforme des lois sur les hypothèques.

Empressons-nous de reconnaître, au surplus, que le droit civil français a peu de progrès à faire. Probablement la passion s'en mêlerait si la loi civile consacrait des iniquités flagrantes, si le sentiment de la justice était outrageusement violé. Mais, en outre de l'excellence du Code Napoléon, les justiciables ont pour garants la volonté et les lumières des magistrats, la certitude de n'être pas dépouillés par une injustice volontaire.

Qu'elle est douce, qu'elle donne de force, de fierté, d'indépendance morale, cette sécurité que l'homme ressent au sujet de sa fortune! comme

elle permet de marcher la tête haute et d'envisa-
ger l'avenir avec fermeté, avec assurance! Pourtant elle n'est pas tout; il lui faut un complément.

De même qu'il n'a rien à craindre pour ses biens,
l'homme tient à n'avoir rien à craindre pour la
liberté de son corps, et il y tient avec passion ;
l'indépendance civile est une de ces choses pour
lesquelles l'indifférence n'existe pas.

XIV *BIS*.

Les lois, l'habitude, le sentiment de la propriété
rattachent étroitement l'homme aux choses qui
lui appartiennent. Malgré tout l'intérêt qu'il porte
à la conservation de ses biens, une chose lui est
encore plus chère, sa personne. Le Code Napoléon
réglemente et protége les droits des biens; les
droits de l'humanité, de la personne sont-ils réglés par un Code aussi parfait?...............
Dieu, dans ses desseins impénétrables, a voulu
que l'homme possédât le droit et le pouvoir d'être,

au fond de son âme, indépendant de tout et de tout
le monde, puisqu'il nous a donné la liberté de la
pensée, liberté tellement immense, si pleinement
illimitée, que l'homme peut concevoir la volonté
de déserter la vie, et qu'il peut se séparer de Dieu
en le reniant. Elle se rit de toute contrainte humaine, cette liberté à laquelle de si terribles excès
n'ont pas été interdits.

Mais la personnalité humaine a d'autres droits
moins immatériels dans leur exercice, et sur lesquels les lois positives étendent leur action.

Nous soutenons que l'indépendance civile est le
premier, le plus utile de ces droits.

XV.

Jouir de l'indépendance civile, c'est disposer
librement de son corps; c'est avoir le droit essentiellement pratique d'aller, de venir, de se mou-
voir, le droit de sortir de sa maison, de sa ville,
d'y rentrer à ses heures et selon son gré; c'est

posséder le gouvernement absolu de soi-même, de son être ; c'est ne pas avoir à craindre de se voir tout à coup, et en l'absence de formalités protectrices, saisi, entraîné, enfermé dans une prison.

L'indépendance civile est la source, la mère de tous les biens. Si elle est en souffrance, point de paix, ni de sécurité, ni de bonheur pour l'homme ; l'inquiétude, le trouble, empoisonnent toutes les joies. Si quelque atteinte illégale blesse ce droit sacré, tous les sentiments de la nature se révoltent, et à moins que la servitude, qui détruit autant que la mort, n'ait glacé les âmes, un frémissement de douleur et de colère les ébranle.

Par l'indépendance civile, la jouissance de tous les dons de la vie est assurée ; c'est par elle que vous êtes affranchi de toute servilité, de toutes bassesses. Dans vos rapports avec l'association civile et politique, la loi, et, en son nom, ses représentants ont seuls le droit de vous donner un ordre, et vous n'êtes pas tenu de vous prosterner à genoux pour le recevoir. Ne nuisez à personne, personne n'aura le droit de vous nuire.

Si l'indépendance individuelle ne lui est pas assurée, même lorsqu'un homme est innocent, il tremble ; il n'ose lever les yeux, pas plus devant un agent infime que devant un distributeur de lettres de cachet. Grands dieux ! si ce regard allait déplaire !

Aujourd'hui, vous n'êtes pas obligé de chercher humblement à plaire, et vous avez le droit de gêner, pourvu que cette gêne ne provienne que de l'usage légitime de vos facultés, de vos droits, de votre fortune ; sans avoir rien à craindre, vous pouvez être instruit, éloquent ou riche. La loi doit garantir qu'il en sera toujours ainsi, et qu'elle vous soutiendra contre la vanité blessée, la haine et la colère.

La liberté civile protége l'exercice de tous les droits. Elle les renferme et les comprend tous ensemble. Si elle est niée, contestée seulement, tous les autres droits naturels de l'humanité s'évanouissent.

XVI.

Je prends la liberté de conscience pour exemple : que serait-elle sans l'indépendance individuelle ? un mot, une promesse vaine, une déception. Le législateur vous dit : « Vous êtes libre de croire « ou de ne pas croire, pourvu qu'aucun trouble « ne soit apporté à l'ordre public, à la morale « publique, aux lois de l'État. » C'est affirmer que la croyance est affaire entre l'homme et Dieu, et que la législation positive n'a rien à voir là.

Mais supposez que, dans tel pays étranger que vous voudrez, en Turquie par exemple, les opinions du chrétien le rendent odieux à un gouvernement réellement ennemi de la libre pensée, malgré des affirmations et des promesses contraires ; que deviendra sa liberté de conscience, si par des motifs indirects sa liberté individuelle peut être menacée ? Il n'est pas réellement libre d'aimer, d'adorer Dieu selon sa conviction, de le servir avec toute son âme, si les pratiques religieuses qui répondent à ses aspirations sont mal vues, et lui valent un emprisonnement sous d'autres prétextes. La conscience peut être proclamée libre par une Constitution, par des lois. Fort bien! mais qu'arriverait-il, si la liberté de la personne, parce qu'il aura été fait usage de la liberté de la conscience, pouvait être compromise par un détour, par un biais facile à trouver? ce risque empêcherait d'agir au grand jour.

On ne peut donc pas se flatter d'être en possession de la liberté de conscience, si les lois ne défendent pas contre toute détention arbitraire, quand même cette détention n'aurait pas une longue durée. Le danger couru aurait le même effet qu'une menace directe de persécution.

Ainsi, tenons pour certain que la liberté de conscience n'est qu'un nom, si l'indépendance civile n'est pas une réalité sacrée. Ce qu'on vient de lire à propos de la libre adoration s'applique à tout. Comme dernier exemple, prenez la liberté de la parole : à quoi vous servira de crier si vous êtes enfermé entre des murs épais.

XVII.

La liberté civile est donc le plus utile de tous les droits, puisque loin d'elle tous les autres droits n'existent réellement pas.

XVIII.

Les philosophes anciens nous disent que la politique a été considérée comme une des branches de la morale, parce que sa fin première est de rendre les hommes heureux, en leur donnant un gouvernement qui les fasse devenir plus sages et meilleurs. Le but de la morale est le bonheur de l'individu ; de même, le but de la politique, c'est le bonheur des peuples. Pour ouvrir un vaste champ à cette félicité, rien n'est plus efficace que de poser des institutions et des lois qui assurent l'indépendance de l'individu.

A chaque instant du jour, chacun de nous trouve l'occasion de mettre ce droit en pratique. Il n'en existe pas un autre dont l'usage soit aussi quotidien, soit plus persistant. La volonté, le désir, l'activité, la fantaisie, sont comme les visions d'un songe, si la liberté civile ne leur donne pas la vie. Ce qui fait comprendre combien le prix de cette liberté est infini, c'est que son absence cause la plus poignante des douleurs. A toutes les heures, à toutes les minutes, on jouit de l'indépendance civile ; à toutes les heures, à toutes les minutes, on la regrette si elle n'est plus.

Elle est donc la première cause du bonheur d'un peuple, le premier intérêt de l'humanité. J'ajoute que l'immortalité de la liberté civile importe aussi à un gouvernement, à la puissance d'un État.

XIX.

Plus un gouvernement est fort, plus sa responsabilité s'étend. Le peuple, qui s'habitue à voir sa main en beaucoup de choses, s'imagine qu'elle est dans toutes. Tout ce qui arrive est considéré comme émanant du pouvoir dirigeant lui-même. Le premier effet de cette manière de penser, c'est qu'il ne se fait rien d'utile, de grand, de glorieux, sans que le mérite en soit attribué, pour la plus grande partie, aux hommes qui sont au sommet. Les individualités secondaires s'effacent, ou ne sont plus regardées que comme des personnes, habiles sans doute, mais obéissant à une impulsion venue de plus haut.

Cette habitude de tout reporter au pouvoir supérieur pourrait avoir des conséquences fatales dans un pays où les lois, par leur excellence, ne rendraient pas tout abus impossible aux représentants de l'autorité. Par exemple, en Angleterre, si les lois n'étaient pas bonnes, si un agent inférieur, mal conseillé par un zèle intempestif, un subalterne mal intentionné, abusant de l'insuffisance des textes, troublait, attaquait la liberté de l'un de ses justiciables, contre qui l'individu lésé serait-il irrité? Ce ne serait pas seulement contre le subalterne, le seul coupable cependant; il s'emporterait injustement contre les chefs, les rendrait responsables d'un acte dont ils auraient peut-être ignoré l'existence, et que certainement ils n'auraient pas ordonné; disant que, s'ils interposaient leur autorité, les choses ne se passeraient pas ainsi, et leur faisant un reproche d'avoir choisi un pareil représentant. Enfin les attaques les plus vives seraient dirigées contre le pouvoir supérieur, qui réellement n'aurait rien pu éviter, alors même qu'il l'aurait voulu de la meilleure foi du monde. La désaffection, la défiance, la colère, châtieraient ceux qui seraient restés étrangers à toute faute. Ne sait-on pas que, malgré l'activité la plus minutieuse, malgré la direction la plus absorbante, l'action gouvernementale à tout instant et sur tous les points à la fois, est forcément impossible.

Mais depuis longtemps l'injustice d'opinion que nous avons signalée tout à l'heure, n'est plus possible en Angleterre, parce que depuis longtemps des lois en rapport avec le caractère, les idées, la volonté du peuple anglais, lui servent de protection.

Les bonnes lois sur la liberté civile ne rendent ainsi pas moins de services aux gouvernants qu'aux gouvernés.

XX.

La parfaite sécurité de la liberté civile intéresse également la puissance d'un État.

Trois choses principales engendrent la force d'un empire : l'agriculture, l'industrie, le commerce. L'agriculture fait naître ; l'industrie transforme ; le commerce donne ce qui manque ; l'administration, la justice, l'armée, veillent à ce que toute cette activité sociale fonctionne avec sécurité.

Tout mouvement courrait le risque d'être à l'instant suspendu, si chacun avait à craindre de se voir enlevé arbitrairement à sa moisson, à ses manufactures, à ses comptoirs.

On sait comment vont les choses en Orient. La peur y paralyse toute vitalité, toute énergie.

L'homme, toujours inquiet, toujours tremblant, a
désappris le travail. Comme il peut être emprisonné à tout propos, il a perdu toute idée d'initiative, toute ardeur d'entreprise. Le caractère s'est
dégradé, la vivacité de l'esprit s'est éteinte ; la
fierté, qui n'a pas d'autre source qu'une assurance
légitime, a fui comme toutes les facultés vraiment
viriles : que deviennent les travaux de l'esprit, les
talents, lorsqu'il suffit de déplaire ou d'être un
embarras pour que la liberté soit en péril ? Dans
la plus grande partie de l'Asie, tout sujet est
exposé à être jeté en prison pour un temps sans
limite, et sans qu'une condamnation régulière ait
prononcé qu'il a manqué à ses devoirs envers ses
concitoyens ou envers l'Etat. N'est-ce pas là une
chose qui tue ?

L'abattement s'empare de l'âme, quand la peur
l'a terrassée. Un danger toujours menaçant, qu'on
ne sait comment repousser, comment éviter, use
les forces morales. La fierté devient un souvenir,
le sentiment de la dignité s'émousse, et, une fois
que l'homme se tient toujours prosterné, l'indo-

lence devient une vertu. — Nous savons, nous, en Occident, que l'inertie qui s'empare de tout quand la liberté civile n'existe pas, est voisine de la mort.

Au contraire, dans les pays où l'on sait au besoin dire *qu'il est des juges à Berlin*, et où les individus, la loi à la main, n'ont pas à trembler de se voir à tout propos saisis et retenus, la confiance double la vie. Protégé par une législation claire, stricte, déterminant ce qu'il a le droit de faire, et lui garantissant qu'il ne sera pas, au hasard et sans défense, le jouet d'un agent imprudent, incapable ou mal intentionné, l'homme vit en paix, se reposant en toute sécurité sur le gage donné à son indépendance; il accroît par son activité, par sa hardiesse, les richesses de l'État en même temps que les siennes; il ne craint pas d'essayer des entreprises qui ne doivent donner des résultats que dans un temps reculé, s'il sait qu'en tenant une conduite honorable, il est sûr d'être libre au moment où son assiduité, sa prévoyance, seront récompensées par le succès.

Une nation grandit en force quand l'indépendance civile permet d'agir de soi-même ; l'activité, prenant tout son développement, fait de nous vraiment des hommes. L'âme est au niveau des plus grandes choses dans un pays où le courage d'invoquer les lois pour la défense de sa liberté personnelle, est considéré comme une vertu utile. Nulle puissance ne surpasse celle d'un grand peuple dont la pratique d'une vie indépendante et active rend le cœur ferme, le bras robuste.

Ainsi, le bonheur d'un peuple, la prospérité, la puissance de la société civile et politique tout entière : tels sont les fruits de la protection accordée à l'indépendance civile, conformément aux lois naturelles.

XXI.

Quelque roideur dans le caractère, une susceptibilité ombrageuse, accompagnent parfois la certitude d'être indépendant. C'est la règle commune ici bas, que chaque chose porte avec elle une plus ou moins grande somme de bien et de mal. Dès qu'il s'agit de faire un choix, tout se réduit à une question de balance ; si le bien fait pencher le plateau de son côté, la chose doit être accueillie ; si c'est le contraire, rejetez-la. L'indépendance civile a toujours tant fait pour les hommes et pour les nations, qu'elle est soutenue par ses services.

Richesses, dignités, grandeur personnelle, rien n'a de valeur, si l'indépendance de l'individu est exposée à tomber en péril ; aucun bien ne la remplace ; si elle est menacée, aucun bien n'a de prix véritable, et l'homme ne peut jouir de rien. Puisque la liberté civile est d'une nécessité si indispensable pour tous et pour tout, sachons si les lois criminelles garantissent pleinement, et pour toute époque, un si grand intérêt ; étudier, discuter, pendant qu'il nous en est donné le loisir, c'est prendre des mesures contre l'inconnu.

XXII.

De bonnes lois sur l'indépendance civile ne servent pas seulement le présent, elles assurent aussi l'avenir.

Si un gouvernement violent, s'imposant à l'Angleterre, voulait supprimer la loi sur l'*habeas corpus,* cette première protection de l'individu, ce gouvernement ne tiendrait pas vingt-quatre heures.

On a beau dire que les institutions ne servent à contenir que le pouvoir juste, prudent, qui se limite et se modère lui-même, de sa propre volonté; qu'un gouvernement violent ne respecte rien, et que, s'il se trouve entravé par les articles d'un Code, il anéantit, dès le principe, et le Code et ses articles.

Ces allégations n'ont point de valeur : avec de de pareilles idées, à quoi bon une mesure législative quelconque qui réglemente les droits de l'État vis-à-vis de l'individu, et réciproquement?

Les Anglais ont parfaitement compris que, là comme toujours, le mieux c'est de ne pas s'abandonner soi-même. Au lieu de se regarder comme inévitablement destinés à devenir le jouet d'un moment de crise, ils ont cherché le moyen de traverser toute crise possible sans trop de dommage. On peut dire qu'ils l'ont trouvé en réglant les droits de l'indépendance civile, conformément à leur génie particulier.

Tout le monde sait l'empire de l'habitude sur les hommes; cette force n'est pas moindre sur les nations. La cause la plus aveugle et la plus obstinée de la résistance que rencontre tout progrès, c'est l'habitude de pratiques anciennes; même quand ce qui est nouveau l'emporte sur les usages et sur les idées d'autrefois, la manière d'agir et de penser de la plupart des hommes ne se modifie qu'avec peine. Combien ces mêmes hommes ne sont ils pas disposés à trouver dans l'habitude une passion invincible pour des lois utiles et justes!

C'est cette force de l'habitude, décuplant le goût des Anglais pour l'indépendance, qui rendra à jamais impossible la destruction de leur liberté civile.

L'habitude d'une réelle indépendance civile une fois entrée profondément dans les mœurs et dans les âmes, la sécurité est assurée : toute l'Angleterre se tient comme un rempart en avant des lois à qui elle doit tout ; le gouvernement qui voudrait anéantir ce trésor national serait assailli comme l'ennemi public, et contraint de reculer.

Or, tous les biens sont faciles à défendre, quand l'individu garde sa liberté civile.

XXIII.

On a vu souvent l'étude d'une loi en amener la réformation ; n'est ce pas à la suite d'une discussion sage, paisible, mais franche, que la mort civile a été abolie. Beaucoup de ceux qui ont écrit sur cette matière n'hésitaient pas à déclarer nettement que cette suppression fictive de la personne violait les instincts de la nature. Ces attaques contre une

section du Code civil se sont renouvelées ouverte-
ment et à des reprises fréquentes; personne n'a
prétendu ni pensé que les auteurs manquaient
au respect que l'on doit aux lois, lorsqu'ils se sont
permis de battre en brèche, avec toute bonne foi,
certains articles qu'ils ne pouvaient que désap-
prouver. Si tous les hommes qui s'occupent de
législation avaient gardé le silence, retenus par la
crainte d'échouer, le *statu quo* aurait été maintenu,
le progrès écarté; la loi aurait continué d'imposer
ce qui a été considéré comme un mal.

On aurait donc tort de regarder avec défaveur
toute étude critique des lois, et de maudire une
remarque réfléchie tout comme les attaques pas-
sionnées. On voit par cet exemple qu'il est permis
de ne pas partager en tout et pour tout l'opinion
des Codes, et qu'il est parfois plus utile d'étudier
la loi que de la diviniser.

Les lois récentes, aussi bien que les lois anciennes, sont subordonnées à un même principe, exposées de même à être supprimées ou revisées;
c'est au surplus ce que veut le bon sens. Un enfant

revient sur ses pas, dès qu'il s'aperçoit qu'il fait fausse route, et personne ne repousse une chance de guérison, sous le bizarre prétexte que la maladie est trop récente.

XXIV.

Sur un tel sujet, les faits parlent aussi haut que le bon sens, et, s'il était nécessaire d'être soutenu par un précédent qui fasse autorité, on le trouverait non loin de nous et dans une année célèbre.

Le 2 décembre 1851, un décret du Président de la République convoque solennellement le peuple français dans ses comices, pour qu'il accepte ou rejette le plébiscite suivant :

« Le peuple français veut le maintien de l'auto
« rité de Louis-Napoléon Bonaparte, et lui délègue
« les pouvoirs nécessaires pour faire une consti
« tution sur les bases proposées dans sa procla
« mation du 2 décembre. »

L'article 3 porte qu'à la réception du présent

décret, les maires de chaque commune ouvriront deux registres, l'un d'acceptation, l'autre de non-acceptation du plébiscite. Ce décret et le mode de votation qu'il prescrivait ont-ils été suivis? Non. Quelques observations furent faites au sujet de l'embarras que beaucoup de gens trouveraient à faire connaître publiquement leurs votes; on se plaignit de ce que ce vote à la face du ciel ne laisserait pas une liberté entière aux électeurs. En conséquence, un changement parut nécessaire, et ce changement a été immédiat; on ne s'est pas arrêté à cette considération, que la décision était récente et qu'une variation dans la volonté pouvait paraître étrange. On s'est demandé simplement si la mesure était bonne, oui ou non, et, comme elle a semblé imparfaite, elle a été corrigée sans délai.

En effet, le 4 décembre 1851, c'est-à-dire le surlendemain, un nouveau décret modifie celui du 2 décembre, et le Président de la République, considérant que le scrutin secret paraît mieux garantir l'indépendance des suffrages et que le but essentiel du décret du 2 décembre est d'obtenir la libre et sincère expression de la volonté du peuple, décrète que le suffrage aura lieu au scrutin secret.

Il est aisé de citer d'autres faits plus nouveaux, très-décisifs et très-mémorables.

Le 24 novembre 1860, un décret appelait les Chambres à présenter une adresse à l'Empereur.

Le 14 novembre 1861, une lettre impériale supprimait les crédits extraordinaires et supplémentaires et annonçait que le budget, au lieu d'être voté par ministère, le serait à l'avenir par grandes divisions.

Ainsi, puisque le décret du 2 décembre 1851, loi politique de première importance, est corrigé du jour au lendemain ; puisque la constitution de 1852, le pacte fondamental et solennel de notre organisation civile et politique, a subi deux modifications profondes, avant d'avoir dix années d'existence, comment pourrait-on hésiter à modifier une loi de droit commun, sous le seul prétexte qu'elle est une loi trop nouvelle?

XXV.

Le moment le plus digne et le plus favorable pour la publication d'études sur un point quelconque de législation, c'est le moment où le pouvoir public est en possession de l'autorité la plus étendue. Tranquille sur son existence et sur sa durée, rien ne le distrait de l'examen des systèmes pouvant renfermer quelque utilité générale ; n'ayant pas à se défendre, à s'occuper de lui-même, il a tout son temps pour s'occuper du public. Dès qu'une idée lui paraît juste, il n'hésite pas à l'accepter, et sa force assure le succès de toutes les mesures dont il veut l'application.

Une sollicitation légalement faite n'aboutira jamais sans lutte, si un gouvernement s'imagine qu'en accordant ce qui est demandé, il donne une preuve de faiblesse. Un prince, au comble de la force, ne craindra pas d'être regardé comme se laissant arracher des concessions ; il ne sera jamais arrêté par ces préoccupations d'amour-propre qui dominent un pouvoir chancelant, et qui lui font redouter de se compromettre et de s'affaiblir encore, en consentant à des réformes que lui-même proclamerait justes, si la fatalité de sa situation ne lui interdisait pas d'être sincère.

Ainsi, une demande spéciale doit être formée, lorsque les événements n'absorbent pas les forces vives du pouvoir, et lorsque ce pouvoir peut accorder, sans se déconsidérer ou sans se détruire : dans une telle situation, cette demande aura le droit d'être entendue sans troubler le calme.

XXVI.

Puisque la force du pouvoir actuel offre une occasion parfaite, j'en profiterai pour provoquer l'examen de certains articles de la législation criminelle, ceux qui touchent à l'indépendance individuelle. J'écrirai sans passion, mais franchement, et je mettrai en relief plusieurs dispositions de la loi. La discussion sera présentée avec confiance ; rien n'est à craindre, puisque nous sommes bien loin de ces temps dont parle Tacite, de ces temps où *l'immobilité, c'est la sagesse (Quibus inertia pro sapientiâ fuit).*

Lorsque, en 1837, M. le président du tribunal d'Auxerre demande que des réformes nombreuses soient introduites dans la procédure civile, il critique presque toutes les parties du Code ; il ne craint pas de dire que le Code de procédure civile se ressent de la rigueur que, en 1806, on savait mettre dans les ordres pour être obéi, et il accuse certain texte de renfermer une inconséquence inexplicable et même autre chose (1). Je n'imiterai jamais cette audacieuse sincérité ; il faut l'autorité, le rang d'un magistrat, pour faire aux lois de si graves reproches ; mais puisqu'un président de tribunal a publié qu'une loi de procédure civile renfermait ce qu'il a dit, il sera bien permis de dire qu'une loi de procédure criminelle paraît insuffisante, si l'on pense ainsi.

---

(1) Page 12. Réformes à opérer dans la procédure civile, par M. Chardon

XXVII.

Comment se fait-il que, dans ces dernières années, quelque écrivain célèbre n'ait pas songé à donner un livre sur la liberté civile? Puisqu'elle constitue le premier intérêt de la vie, il importe souverainement d'étudier les lois qui la garantissent. On trouverait un prétexte au silence gardé sur un sujet d'une telle valeur, si la crainte étouffait toute initiative; mais que peut craindre celui qui parle au nom de l'intérêt général, sous le règne d'un Prince dont la grandeur d'âme maudit les démonstrations serviles? Tolérant par goût, plus encore que par habileté, le Souverain s'est constitué le premier protecteur de la liberté légale, et il en a encouragé le développement par ces paroles significatives :

« *Ennemi de toute théorie absolue et de toute*
« *dépendance morale, je n'ai d'engagements envers*
« *aucun parti, envers aucune secte, envers aucun*

« *gouvernement; ma voix est libre comme ma*
« *pensée..... et j'aime la liberté !* »

(OEuvres de Napoléon III, préface.)

J'ai pris cette phrase pour guide ; j'écris sous son inspiration, en me dévouant à la cause de la liberté individuelle, la plus aimée, la plus douce, la plus paisible, et en même temps la plus utile de toutes les libertés.

————

CHAPITRE II.

LES LOIS ACTUELLES.

XXVIII.

Il est mille moyens de grossir un livre; chaque genre d'écrit a les siens. Le poëme épique s'allonge par des épisodes; les romans décrivent à toute occasion, et sans faire grâce du moindre détail, les sites, les ameublements, les costumes. Avec le moindre amour du charlatanisme, celui qui s'occupe d'études juridiques n'est pas embarrassé pour trouver dans le monde du droit des questions accessoires se rattachant d'une manière fort convenable au sujet qu'il traite.

Ainsi, pour donner à ce livre quelques centaines
de pages de plus et un air infiniment respectable,
il n'y aurait qu'à chercher, par exemple, si l'antiquité a eu quelque notion, quelque respect de l'indépendance civile, et comment ce droit a été attaqué, défendu dans le cours des âges. On pourrait examiner la faculté donnée par la loi au père
de famille de faire enfermer son enfant mineur.
Un sujet fort important, et touchant aussi à la
liberté des individus, c'est la contrainte par corps.

Nul ne songerait à trouver hors de propos une
excursion dans des domaines si voisins; elle ne
sera pas faite pourtant : l'antiquité, le droit du
père de famille, la contrainte par corps et beaucoup d'autres points accessoires seront passés sous
silence. En veut-on la raison?

La différence des constitutions sociales enlève
tout intérêt pratique aux études sur l'état de la
liberté civile chez les Grecs et chez les Romains.
Ce qu'ils ont pensé, ce qu'ils ont voulu, ne nous
servirait ni de modèle, ni d'avertissement : on y

trouverait tout au plus la matière d'un cours de législation comparée.

Pour toutes les autres questions, elles sont écartées par une même considération : c'est que dans ce livre il ne sera traité que des droits des agents de l'Autorité vis-à-vis des simples citoyens. La contrainte par corps s'exerce au nom d'un particulier contre un autre ; il n'y a en jeu que des intérêts privés : elle n'est qu'un moyen de coercition accordé par les lois à un créancier pour avoir raison de la résistance d'un débiteur ; le créancier est souverainement maître d'user de ce moyen ou d'y renoncer. De même le droit du père de famille est tout ce qu'il y a de plus intime et de plus resserré dans son application. Dans ces deux cas, l'Autorité n'a point d'initiative à prendre.

Il en est bien autrement lorsqu'il s'agit de s'emparer de la personne d'un individu au nom de l'intérêt public et avant tout jugement. Ici, l'ordre d'arrestation part essentiellement de la volonté des fonctionnaires. Une dénonciation peut bien venir d'un simple particulier ; il met ainsi en mouvement les pouvoirs publics, mais seulement d'une manière indirecte et tout à fait restreinte. Les fonctionnaires, en effet, ne sont pas tenus de décréter une arrestation parce qu'il s'est trouvé un dénonciateur : ils examinent la dénonciation, la jugent, et, en résumé, s'ils donnent l'ordre d'emprisonner, c'est uniquement en vertu d'une détermination qu'ils étaient libres de ne pas prendre.

Le droit de ne pas être arrêté, de ne pas être détenu arbitrairement, illégalement, par des hommes agissant au nom de l'autorité, c'est ce qui constitue réellement l'indépendance civile, la liberté individuelle. Voilà les idées à mettre en première ligne, et en même temps les termes qui leur sont particulièrement consacrés; ce n'est que par extension que ces termes peuvent signifier quelque autre chose.

Ce droit ainsi spécifié fait l'objet unique de cette étude, et il a une importance si considérable qu'il est inutile de lui adjoindre des questions secondaires.

XXIX.

Vous Français, vous *citoyen libre d'un grand Empire,* vous êtes négociant, banquier, propriétaire, que sais-je? et vous êtes en paix dans votre maison, à vos affaires ; quel est l'homme, quel est celui de vos semblables qui a le droit de venir vous prendre pour vous conduire dans une prison, et de vous y garder plus ou moins de temps?

Fatigué de travail, découragé peut-être par des revers, vous goûtez dans l'intimité inviolable et vivifiante de la famille le repos et les joies de la vie cachée ; vous retrouvez là, en ce moment comme en toute occasion difficile, l'énergie morale ; les portes sont fermées solidement, et, maître de vous-même, vous n'obéissez qu'aux désirs des êtres que vous aimez.

Qui aura le droit de crier : Ouvrez! et, si vous refusez d'ouvrir, qui aura le droit de pénétrer chez

vous, malgré vous, en recourant à la violence et
à l'effraction?

Pour l'atelier, pour la chambre garnie triste
et misérable, pour la demeure du paysan, la question et l'intérêt sont les mêmes.

Je reviens à vous qui me lisez. Où est le fonctionnaire qui a le droit de vous faire comparaître
devant lui malgré votre résistance, et de vous jeter
en prison?

« Mais, comment! je suis innocent et je peux
« être arrêté? »

Eh! sans doute; est-ce que pareille chose n'arrive pas fréquemment? est-ce que tous les accusés
sont condamnés? est-ce que tous les jours les tribunaux ne prononcent pas des acquittements?

Si donc vous pouvez être arrêté bien qu'innocent, combien n'importe-t-il pas que vous
connaissiez exactement sur quels ordres et par qui
vous pouvez être arrêté, afin de savoir dans quel
cas vous êtes tenu d'obéir? Combien n'importe-
t-il pas que le magistrat, que la loi même s'en-
tourent de précautions et de ménagements afin

que l'erreur ne se commette que le plus rarement possible, et afin que les conséquences de l'erreur n'aient que peu de gravité?

La science des lois actuelles est donc absolument nécessaire, et à ceux qui donnent les ordres, et à ceux qui les subissent, c'est-à-dire à tout le monde. Afin d'avoir un aperçu général de la volonté des Codes, voyons les textes principaux qui régissent aujourd'hui la liberté civile.

XXX.

Le Code d'instruction criminelle renferme presque tous les textes qui règlent le droit commun des Français, en ce qui regarde la liberté civile. Il indique la nomenclature des fonctionnaires revêtus du droit de signer des ordres d'arrestation, les formes suivant lesquelles ces ordres doivent être rédigés, les circonstances où ils sont donnés, leurs différents effets, enfin tout ce qui a trait au droit d'arrestation en lui-même.

Les dispositions que nous avons à étudier d'une

manière toute spéciale ne remontent pas toutes à l'année 1808; une loi de 1856, notamment, a introduit dans la procédure criminelle des modifications de la plus haute importance. Ces modifications sont-elles le dernier mot de la législation?

Avant de passer en revue tous les différents textes qui nous intéressent, il est nécessaire d'indiquer un point particulier du système général suivi par les rédacteurs du Code d'instruction criminelle, et conservé par les législateurs qui en ont plus tard revisé quelques articles.

On a divisé tous les faits criminels en deux classes : dans l'une, on a placé tous les faits offrant certains caractères spéciaux, déterminés, et qui ont pris le nom de *cas de flagrant délit;* dans la seconde classe ont été rangés tous les faits ne rentrant pas, de leur nature, dans la section précédemment spécifiée.

Et il a été décidé que les attributions de presque tous les fonctionnaires seraient plus ou moins étendues, suivant qu'il s'agirait de la constatation et de la poursuite d'un cas de flagrant délit, ou bien de tout autre fait. Elles suivent les nécessités de la situation; tantôt elles s'étendent, tantôt elles gardent leurs limites primitives et restreintes, et varient comme la nature des faits. L'évidence, l'urgence, trouvent les magistrats plus puissants; dans le cours ordinaire des choses, les pouvoirs sont plus divisés.

De cette volonté prévoyante de la loi il résulte que, parfois, un fonctionnaire réunit en lui deux fonctions.

Examinons dès à présent les circonstances qui doublent ainsi ses droits. Quand, plus tard, nous aurons à parler de flagrant délit, nous ne serons pas retardés par la nécessité de donner des explications qu'il vaut mieux présenter de suite.

XXXI.

DU FLAGRANT DÉLIT.

L'article 41 du Code d'instruction criminelle nous dit ce que c'est que le flagrant délit :

« Le délit qui se commet actuellement, ou qui
« vient de se commettre, est un flagrant délit. Se-
« ront aussi réputés flagrant délit le cas où le pré-
« venu est poursuivi par la clameur publique, et
« celui où le prévenu est trouvé saisi d'effets,
« armes, instruments ou papiers faisant présumer
« qu'il est auteur ou complice, pourvu que ce soit
« dans un temps voisin du délit. »

Les mots *délit*, *flagrant délit*, donnent lieu à
une observation assez fondée. Dans le langage du
droit, *délit* signifie exclusivement les infractions
qui sont punies de peines correctionnelles. Il a ici
un sens plus étendu, et veut dire : les infractions
à la loi d'une manière générale. Divers articles du
Code d'instruction criminelle montrent que l'expression *flagrant délit* s'applique en même temps
et aux infractions punies de peines afflictives ou
infamantes, c'est-à-dire aux crimes, et aux infractions punies de peines correctionnelles, c'est-
à-dire aux délits, suivant le sens strict du mot.
Les articles 32 et 106 appliquent aux crimes le
mot de flagrant délit ; l'article 16 parle de flagrant

délit à propos de faits emportant la peine de l'emprisonnement,

A la première lecture de l'article 41, on voit que la loi envisage trois choses distinctes : 1° la preuve formelle ; 2° l'intérêt de rechercher immédiatement le coupable inconnu ; 3° les présomptions accablantes.

Prenons successivement chaque disposition de l'article.

Le délit qui se commet actuellement.... C'est le type principal du flagrant délit. Le malfaiteur est convaincu par le fait même. L'évidence rend toute négation impossible. La preuve est formelle.

Ou qui vient de se commettre.... Ces mots ont moins de précision que ceux qui les précèdent. Qu'est-ce que cela : *qui vient de....* On voit bien que la loi ne se préoccupe que des faits très-récents, mais sa pensée n'est pas assez déterminée. Quand le corps d'un homme assassiné est trouvé encore chaud, certes le crime vient de se commettre, et le mot de la loi trouve une application rigoureuse ; mais, si la mort remonte à plusieurs heures, au jour précédent, peut-on dire encore dans le sens de la loi que le crime vient de se commettre? Dans la pratique doit se retrouver le vague des termes légaux. L'intention du législateur est le seul guide à défaut d'indication expresse ; et peut-être qu'une pareille indication était tout à fait impossible.

On admet généralement que ces mots : *qui vient de se commettre*, indiquent les cas où il est à présumer que le coupable, encore inconnu, n'a pas eu le temps de fuir très-loin de la scène du crime. Peut être se cache-t-il dans les environs. En agissant promptement, on lui ôtera toute possibilité d'échapper : peut-être aussi le coupable, à supposer que ce soit un individu de la localité, n'aura pas songé à s'éloigner ; et, s'il en est ainsi, sa manière d'être, son attitude dans les premiers moments qui suivent le crime, vont trahir ce qu'il a tant d'intérêt à cacher.

De plus, il faut saisir sur-le-champ les traces les plus légères, l'aspect momentané des lieux, les marques fugitives laissées sur le terrain ou sur les objets, enfin prendre sur le fait la physionomie de tout. (M. Allain, dans son excellent ouvrage sur les juges de paix.)

Il est donc urgent d'agir avec rapidité.

Ces considérations sont fort justes, mais sans précision. La conscience du magistrat sera le meilleur interprète de la loi.

Nous arrivons au dernier paragraphe de l'article qui répute cas de flagrant délit ceux où des présomptions infiniment graves signalent un individu comme le coupable : *le prévenu est poursuivi par la clameur publique; le prévenu est trouvé saisi d'effets, armes, instruments ou papiers faisant présumer qu'il est auteur ou complice.*

Il n'est pas facile de définir ce que c'est que la clameur publique. L'un la découvre où l'autre ne la voit pas. Des auteurs disent : C'est le cri général. Cette explication n'est pas d'un grand secours ; elle met simplement une locution à la place d'une autre. Il est indispensable que les hommes qui tiennent en main le pouvoir judiciaire sachent discerner exactement l'expression de la véritable clameur publique comme la loi la comprend ; que l'expérience leur enseigne et le sens exact du mot et le caractère visible de la chose. La loi ne serait pas obéie, si avec la clameur légale étaient confondus les cris désordonnés dont la haine et l'envie poursuivent souvent l'homme le plus inoffensif. Le tact et l'impartialité feront reconnaître la clameur publique mieux que toutes les définitions des jurisconsultes.

Il est nécessaire de signaler le dernier membre de phrase de l'article : *Pourvu que ce soit dans un temps voisin du délit*. La loi recommande la réserve et ne veut pas que, grâce à l'article 41, tous les actes criminels soient comptés parmi les cas de flagrant délit ; mais rien de précis ne spécifie sa volonté. *Un temps voisin* : quel espace de temps ces mots embrassent-ils ? qui décidera s'il a été agi dans un temps voisin du délit ? Puisqu'une détermination exacte ne peut pas se donner, disons que la loi intime l'ordre de suivre toujours la prudence et la modération.

Tel est l'article 41 du Code d'instruction criminelle. On comprend que les cas qu'il prévoit offrent d'excellentes raisons pour que les pouvoirs ordinaires des magistrats prennent accidentellement plus d'étendue. Lorsqu'un coupable est convaincu par l'évidence ou dénoncé par des présomptions qui équivalent quelquefois à des preuves, il est utile que la justice soit bien armée contre lui. D'un autre côté, quand l'urgence rend indispensable des mesures rapides, on s'explique très-bien que la loi change ses prescriptions pour les mettre en rapport avec les événements.

—Il est une autre circonstance particulière qui agrandit les pouvoirs des magistrats, c'est la réquisition du chef d'une maison. Nous aurons à en parler plusieurs fois; disons rapidement ce que c'est.

XXXII.

RÉQUISITION DU CHEF D'UNE MAISON.

Le chef d'une maison a le droit de requérir

qu'un crime ou délit commis dans l'intérieur de sa maison soit constaté par certains magistrats.

Cette réquisition doit-elle être écrite? Rien dans la loi n'impose cette obligation. Le magistrat peut donc se rendre à une réquisition faite verbalement. On s'est demandé ce que la loi entendait par ces mots : Un chef de maison. Si l'on s'en rapporte à l'article 264 du décret du 1er mars 1854 sur l'organisation de la gendarmerie, un chef de maison c'est, ou bien le propriétaire de la maison, ou bien le principal locataire, ou bien le locataire d'un appartement.

Article 46 du Code d'instruction criminelle : « Les attributions faites ci-dessus au procureur « impérial pour les cas de flagrant délit auront « lieu aussi toutes les fois que, s'agissant d'un « crime ou délit, même non flagrant, commis « dans l'intérieur d'une maison, le chef de cette « maison requerra le procureur impérial de le « constater. »

Remarquons ces mots : crime ou délit, même non flagrant.

— A présent, disons quels fonctionnaires sont investis par la loi du droit d'arrestation.

XXXIII.

DU PRÉFET.

Entre tous les fonctionnaires revêtus du droit d'arrestation, le préfet est le premier dont la loi s'occupe avec quelques détails. C'est par lui que le Code d'instruction criminelle débute. L'art. 10 renferme les attributions que le droit commun lui donne en matière criminelle.

Voici cet article :

« Les préfets des départements et le préfet de
« police à Paris pourront faire personnellement
« ou requérir les officiers de police judiciaire,
« chacun en ce qui le concerne, de faire tous ac-
« tes nécessaires à l'effet de constater les crimes,
« délits et contraventions, et d'en livrer les au-

« teurs aux tribunaux chargés de les punir, con-
« formément à l'article 8 ci-dessus.

Ce texte a soulevé des questions fort graves. Le sens de ses termes a été vivement discuté, et il devait l'être. Le Code a-t-il voulu faire du préfet un magistrat souverain, disposant à sa volonté de tous les agents judiciaires, et dominant sans contrôle et dans toutes circonstances sur la liberté publique?

Avant d'entreprendre l'examen approfondi de l'article 10, cherchons d'où il vient, s'il a des racines dans le passé, s'il ne tient pas à quelque institution disparue et que les hommes du premier Empire ont fait revivre en tout ou en partie. On doit se garder avec le plus grand soin de reprendre les choses de trop loin et d'interroger des institutions qui, séparées de nous par des siècles, n'ont plus aucun rapport avec nos mœurs et nos idées. Que la crainte de fatiguer inutilement soit toujours la première inspiration. L'indispensable, et rien de plus.

Quand on lit les documents se rattachant à la

rédaction de l'article 10 , on voit que les législateurs étaient remplis du souvenir de ces anciens magistrats royaux qui portaient le nom d'intendants.

Attachons-nous à ce point de départ.

On sait quel rôle jouaient les intendants sous l'ancienne monarchie en matière de police, et au sujet de l'instruction des crimes et des délits.

Créés par un édit du mois de mai 1635, sous le ministère de Richelieu , les intendants remplaçaient les agents royaux, connus sous le nom de *commissaires départis*, et qui, depuis le règne de Henri III, étaient envoyés chaque année dans les provinces pour inspecter ce qui regardait l'impôt. Les intendants étaient établis à résidence fixe, et leur contrôle sur l'administration financière des généralités avait plus d'étendue que celui de leurs prédécesseurs.

Une déclaration, en date du 13 juillet 1648, les révoqua. Elle porte que le roi se rend aux plaintes de tous ceux qui se trouvent lésés dans leurs droits anciens par l'établissement des intendants.

Sans doute quelques années changèrent tout, puisque peu après les intendants reparaissent sous le nom d'intendants de justice, police et finance.

Depuis ce temps, ces hommes du roi attirèrent à eux tous les pouvoirs, tous les droits, toute l'administration proprement dite, tout le service financier, toute la police civile et politique : rien ne se fait sans leur participation ; ils ont la main partout ; ils finissent par être seuls quelque chose.

Deux exemples entre mille :

Le 11 juin 1664, Courtin, intendant, écrit à Colbert qu'il vient de faire une information contre les officiers de justice concussionnaires à Roye, en Picardie, et qu'il l'a envoyée au parlement.

Le 10 août 1699, M. de Pontchartrain, secrétaire d'État, approuve d'Ableiges, intendant de Poitou, parce qu'il a défendu aux habitants de Châtellerault d'élire pour juge des marchands, un homme qui ne serait pas catholique faisant bien son devoir.

Citons un troisième fait :

Le 22 août 1679, le marquis de Seignelay écrit

à Leblanc, intendant à Rouen, de faire exécuter l'ordre d'arrestation qu'il lui envoie contre un nommé Crosnier.

(Documents inédits sur l'Histoire de France. — Correspondance administrative sous Louis XIV.)

C'est le pouvoir royal envahissant tout, donnant tous les ordres, maître de tout.

Demandons-nous à présent, les pièces en main, ce que le législateur moderne a conservé, ce qu'il a détruit.

XXXIV.

Il est indispensable de bien se fixer sur la valeur, l'esprit, la portée de l'article 10 du Code d'instruction criminelle, qui renferme à peu près tout l'ensemble des pouvoirs du préfet au point de vue criminel. C'est l'objet d'études le plus important, puisque c'est à la volonté de cet article que nous devons obéissance.

Le préfet exerce dans les départements, comme

l'intendant autrefois dans les généralités, les pouvoirs administratifs. Quels sont véritablement ses droits en matière de police judiciaire; en d'autres termes, quelle est la volonté exacte de l'article 10 du Code d'instruction criminelle?

En législation, comme en histoire, comme en tout, le mieux, c'est de recourir aux sources, à l'origine même des choses. Là se trouvent des explications sur tout ce qui embarrasse, des révélations sur tout ce qui paraît incertain. Celui qui prend la peine de remonter aux premières notions ne doit désirer qu'une chose, c'est que cette recherche ne soit pas rendue impossible par la disparition des documents ou bien par l'éloignement de l'époque étudiée.

Pour notre sujet, tous les souhaits sont comblés. L'année 1808 n'est pas encore très-loin de nous, et, grâce aux travaux inestimables de M. Locré, la volonté des législateurs, le sens de la loi, apparaissent aussi nets, aussi visibles que la lumière. Ce savant jurisconsulte a réuni dans un même ouvrage tous les travaux préparatoires des Codes,

c'est à-dire les procès-verbaux du conseil d'État,
les dires des sections, les exposés des motifs, et
par conséquent tout ce qui reste de l'étude et de
la formation des articles du Code d'instruction
criminelle.

C'est dans le volume XXV de cette œuvre immense que nous retrouvons le travail de création
nécessité par l'article 10 de ce Code et les motifs
de sa rédaction. Il est si important de bien connaître la signification exacte de ce texte que nous
avons cru devoir ne rien omettre de tout ce qui s'y
rapporte. Le commentaire qui va en être donné
est pris dans les discours prononcés à son sujet.

XXXV.

Le 31 mai 1808, il est présenté au conseil d'É-
tat un projet de loi comprenant dans sa rédaction
les dispositions préliminaires, et aussi le livre premier du Code d'instruction criminelle. On y voit
que l'article 9 de ce projet renferme l'article 9

et l'article 10 d'aujourd'hui. Les deux dispositions sont rassemblées et se trouvent sous cette
forme :

« La police judiciaire sera exercée sous l'auto-
« rité des cours impériales et suivant les distinc-
« tions qui vont être établies :

« Par les gardes champêtres et les gardes fo-
« restiers ;

« Par les commissaires de police ;

« Par les maires et les adjoints de maire ;

« Par les procureurs impériaux et leurs substi-
« tuts ;

« Par les juges de paix ;

« Par les officiers de gendarmerie ;

« Par les commissaires généraux de police ;

« *Par les préfets pour les crimes qui intéressent*
« *la sûreté intérieure et extérieure de l'État ;*

« Et par les juges d'instruction. »

(Locré, tome 25, page 102.)

La discussion s'engage sur la manière dont cet
article est conçu, et le projet de loi pouvait sou-
lever de vives critiques.

Les préfets seront donc dans la dépendance et sous le contrôle des cours impériales? C'est inadmissible, puisque le préfet représente le pouvoir central dans le département.

On ne peut pas non plus mettre la volonté du préfet au-dessus des cours, puisque la justice ne relève que d'elle-même et ne reçoit point d'ordres.

Mais alors il y aura donc côte à côte deux pouvoirs égaux en force, en crédit, par conséquent toujours en rivalité, toujours en lutte? — Si deux administrations indépendantes l'une de l'autre sont investies du droit d'agir, n'y a-t-il pas à craindre que l'une ne se repose sur l'autre et réciproquement, et qu'ainsi rien ne se fasse; ou bien, par un excès contraire, l'une n'ira-t-elle pas toujours empiéter sur l'autre en offrant un spectacle scandaleux, par des conflits s'il y a résistance, ou par du despotisme si le pouvoir le plus faible cède au plus fort?

La question est sérieusement embarrassante; lorsqu'elle avait été posée à Saint-Cloud devant l'Empereur, elle avait donné lieu à de vifs débats.

Le pouvoir des préfets n'avait été jusque-là qu'un expédient du temps des cours criminelles; mais puisqu'elles sont remplacées par des cours impériales revêtues d'une forte autorité, si l'on donne aux préfets la police judiciaire, comment mettre d'accord la dignité de ces magistrats avec les vastes pouvoirs des cours d'appel? Le problème est difficile, sa solution délicate, embarrassante; il n'a pas encore été assez étudié ; il mérite de l'être à tous les points de vue : aussi le conseil d'État a pensé que la question ne pouvait pas être tranchée dans une première discussion.

Qu'est-ce que la Section qui prépare les projets de lois, va faire de cet article 9? Il est à croire qu'elle y apportera une modification quelconque, faible, je le veux bien, mais enfin appréciable. Puisque le conseil d'État a ordonné le renvoi, la Section ne refusera pas son concours. Comment la nouvelle rédaction sera-t-elle formulée? Nous trouvons la réponse dans le projet présenté au conseil d'État le 26 août 1808. La section n'a tenu aucun compte des observations du conseil d'État, et dans ce nouveau projet l'article 9 reparaît avec les termes que nous lui connaissons; mais aussi quelles discussions!

Le projet, retouché, des dispositions préliminaires et du livre premier du Code d'instruction criminelle, comprend un grand nombre d'articles, puisque nous voyons que le livre second de ce Code commence par l'article 137. Eh bien! sur ce grand nombre d'articles il n'y a de difficultés sérieuses et de controverse que pour un seul article, l'article 9, et que sur deux points qui s'y rattachent :

1° La police judiciaire sera-t-elle exercée par les préfets pour les crimes qui intéressent la sûreté de l'État?

2° Dans les affaires communes, les préfets exerceront-ils la police judiciaire?

La première question soulève peu de difficulté, au moins par un de ses côtés. On reconnaît sans peine que le préfet aura le droit d'exercer la police judiciaire pour les crimes qui intéressent la sûreté de l'État.

Mais le conseil d'État est fortement préoccupé par cette idée que le préfet ne devrait pas être mis sous la dépendance du procureur général ni des cours d'appel, et aussi que ces deux pouvoirs exerçant la même fonction, sans être soumis l'un à l'autre, peuvent devenir une cause d'embarras et de tiraillements. On a grande peine à s'entendre sur un moyen de donner la police judiciaire aux préfets sans les subordonner aux magistrats de l'ordre judiciaire.

Tout en reconnaissant que le préfet sera chargé de la police judiciaire pour les crimes qui intéressent la sûreté de l'État, ne croyons pas qu'il puisse, comme un orateur le disait au conseil d'État, interposer son autorité « dans le cas où la « sûreté exige qu'on ne relâche pas un individu « dangereux que le jury vient d'acquitter. »

Quel serait ce droit invoqué dans l'intérêt des préfets? Est-ce que la loi des suspects est toujours en vigueur en 1808? Est-ce qu'elle a survécu sous un autre nom? Heureusement rien de pareil n'existe de nos jours, et cette phrase d'un conseiller d'État n'a pas force de loi.

Je fais observer que les intendants sont nommés dans la séance, et qu'on rappelle leurs envahissements sur le domaine judiciaire, leurs luttes avec les parlements. Le conseil d'État délibérait donc en pleine connaissance de cause; il savait ce que l'ancienne monarchie avait rencontré de secours et en même temps de dangers chez ces magistrats.

Je reviens malgré moi à cette phrase que j'ai citée textuellement. Ce qui me frappe le plus, c'est que personne ne prend la parole pour répondre à l'orateur; du moins le procès-verbal ne constate rien. Ce pouvoir énorme, exorbitant, absolu, est accepté sans conteste, puisque les auditeurs souffrent son apparition sans mot dire. Qu'est-ce que la sûreté? Dans quel cas pourra-t-on l'invoquer? Qu'est-ce que c'est qu'un individu dangereux? Nul ne l'a demandé; le conseil reste muet. Point de réclamations, point de protestations; il semble que M. Pelet vient de dire la chose la plus simple, la plus naturelle du monde, ou plutôt qu'il a parlé devant des gens qui n'entendent pas ou qui ne comprennent pas.

On était bien près de 1810, il est vrai, mais enfin le décret sur les prisons d'État n'était pas encore rendu ; ce n'est que le 3 mars 1810 qu'il a été décrété qu'il pouvait être convenable de laisser dans les prisons un certain nombre de détenus qu'on ne pouvait ni faire traduire devant les tribunaux, ni faire mettre en liberté.

Où donc la passion trouverait-elle des enseignements et un point d'arrêt, si ce n'est auprès des hommes instruits et à qui leur position donne de la force? Le conseil d'État tout entier aurait dû se lever contre la doctrine de M. Pelet. S'il l'a fait, il n'en reste point de traces.

De quelques passages de la discussion, il résulte que les pouvoirs des préfets en matière de crimes intéressant la sûreté de l'État, sont établis surtout en vue des cas urgents. Renvoyons aux discours consignés par M. Locré dans son volume 25, pages 200 et suivantes.

Nous arrivons à la deuxième question :

Dans les affaires communes, les préfets exerceront-ils la police judiciaire?

Les avis sont très-partagés dans le conseil, on
le voit par ce qui s'est dit dans la discussion sur la
première question; la Section elle-même pensait que les préfets ne doivent être officiers de police judiciaire que pour les crimes qui intéressent
la sûreté de l'État. Cet avis paraît être aussi celui
de M. Treilhard. Soutenue par des autorités aussi
graves, cette opinion allait être infailliblement
adoptée si l'Empereur ne s'était déclaré contre
elle.

L'importance du sujet m'oblige de citer textuel·
lement; je prie de remarquer les exemples propo-
sés, les nécessités invoquées :

« Sa Majesté dit que le préfet, comme chargé
« de la police administrative, veille sur les malfai-
« teurs, évente leurs projets, fait saisir les pièces
« de conviction et s'empare des coupables. Il
« semblerait donc utile qu'il pût aussi interroger
« sur-le-champ et constater les traces de tout
« crime quelconque; il tient le fil dans sa main,
« et dès lors il peut, mieux que personne, atteindre
« et suivre toutes les ramifications de l'affaire,

« découvrir et atteindre tous les coupables. En

« beaucoup de circonstances, on ne trouverait

« que de l'avantage à laisser instruire le préfet,

« par exemple, sur les vols de diligence, sur le

« crime d'incendie, sur celui de faux, d'autant

« qu'on reconnaît que les instructions des préfets

« sont généralement bien faites.

« La section lui donne la police judiciaire pour

« les cas qui intéressent la sûreté publique, parce

« qu'elle sait qu'il a une correspondance, des bu-

« reaux, la disposition de la force armée, en un

« mot tous les moyens de la bien exercer ; pour-

« quoi l'empêcher de diriger ces mêmes moyens

« contre les autres crimes ?

« C'est apparemment parce qu'on ne veut pas

« le subordonner au procureur général.

« Mais cette subordination existerait déjà pour

« les affaires de sûreté publique ; car si, comme

« la section en convient, il y a concurrence entre

« le préfet et les officiers de police judiciaire, le

« procureur général est toujours le magistrat su-

« périeur.

« Cependant, on peut tout concilier en autori-
« sant le préfet à rédiger des procès-verbaux, à
« instruire, à envoyer les actes au procureur gé-
« néral, et en laissant au procureur général l'alter-
« native, ou de les recommencer, ou de leur don-
« ner le caractère d'actes judiciaires lorsqu'il les
« trouvera suffisants. Par là, on éviterait l'incon-
« vénient de refaire sans nécessité la procédure,
« sans toutefois subordonner le préfet au procu-
« reur général. Cet officier n'aurait point d'ordres
« à donner au préfet; il pourrait opérer par ses
« propres agents, et néanmoins les actes du préfet
« seraient plus que de simples renseignements. »
(Locré, tome XXV, pages 205 et suiv.)

Conformément aux ordres reçus, la Section
divise l'article du projet, et, dans la séance du
4 octobre 1808, une dernière rédaction des dispositions préliminaires et du premier livre est soumise au conseil d'État. L'article 9 et l'article 10
sont rédigés tels que nous les lisons dans le Code
d'instruction criminelle. La question d'égalité de
rang entre le pouvoir judiciaire et le pouvoir ad-

7

ministratif ne cesse de préoccuper le conseil
d'État. Néanmoins, après quelques observations,
le projet de loi est adopté. (Locré, tome **XXV**,
page **213**.)

Ce projet, ainsi formulé définitivement, est en-
voyé au Corps législatif. La commission de législation l'examine dans sa séance du 7 et dans celle
du 8 octobre 1808, et ne fait aucune observation
sur l'article 10.

Pour achever de se former une conviction sur
ce texte, il ne reste plus à consulter qu'une pièce
unique : c'est l'exposé des motifs présenté par
M. Treilhard au Corps législatif, dans la séance
du 7 novembre 1808. Nous y trouvons le passage
suivant :

« Le premier vœu de la loi est que toute in-
« fraction des règles soit connue, soit poursuivie,
« soit jugée ; c'est par ce motif que l'exercice de
« la police judiciaire est confié à un grand nombre
« de personnes, et c'est aussi dans la même inten-
« tion qu'on a voulu que les magistrats supérieurs
« de l'ordre administratif, qu'on ne doit aucune-

« ment confondre avec les officiers de police ju-
« diciaire, pussent quelquefois requérir l'action
« des officiers de police, et même faire person-
« nellement quelques actes tendant à constater les
« crimes.

« J'ai déjà observé que la police administrative
« prévenait beaucoup de maux en pénétrant les
« intentions secrètes des méchants : il n'est pas
« difficile de se convaincre qu'il peut être infini-
« ment urgent de saisir le coupable et les instru-
« ments du crime, et qu'un instant perdu serait
« souvent irréparable. Il a donc paru très-utile
« de donner ce droit aux préfets, qui, par des
« voies administratives, obtiennent quelquefois des
« lumières dont le fruit pourrait s'évanouir par le
« retard d'un recours à l'officier de police judi-
« ciaire. C'est ainsi qu'on légalise des actes de
« leur part, qui, jusqu'à ce jour, n'étant considé-
« rés que comme de simples renseignements, ne
« faisaient réellement pas une partie essentielle de
« la procédure.

« L'inconvénient en avait été vivement senti

« dans plusieurs occasions; la société en sollicitait
« le remède, et la défense des accusés n'en peut
« jamais être en aucune manière altérée. »

Il est à remarquer que le système adopté par le
conseil d'État a introduit dans la loi une distinction
assez bizarre.

En principe, tous les officiers de police judiciaire sont sous l'autorité des cours d'appel, qui
portent sur chacun sa surveillance suprême. Eh
bien! le préfet, lui, exerce la police judiciaire
dans certains cas, et pourtant il n'a pas le titre
d'officier de police judiciaire. C'est un fonctionnaire à part; il est revêtu de certaines attributions
judiciaires, sans dépendre néanmoins de la hié-
rarchie ordinaire.

XXXVI.

Ainsi, voilà tout ce que nous avons cherché.
Nous savons à présent d'où est sorti l'article 10 du
Code d'instruction criminelle; nous savons à

quelles idées il doit répondre. On a vu quelle magistrature ancienne les préfets avaient remplacée, et comment leurs pouvoirs sont compris, posés par les législateurs modernes. Il ne reste plus qu'à résumer en quelques mots tout ce qui s'y rattache.

Quels sont ces pouvoirs?

Ce n'est plus le despotisme des intendants que le Code d'instruction criminelle a voulu consacrer de nouveau dans les fonctionnaires de l'administration. Il ne leur a pas donné sur les hommes du dix-neuvième siècle, ce pouvoir absolu que l'ancienne royauté exerçait par ses agents sur les hommes de son temps. On n'avait pas oublié, en 1808, que le premier élan de la nation avait été dirigé naguère contre les arrestations et les détentions arbitraires, et l'on tenait à respecter le sentiment public.

Aussi, le pouvoir des préfets n'a pas une étendue illimitée. La preuve en est dans les procès-verbaux des séances du conseil d'État et dans l'exposé des motifs présenté au Corps législatif.

Que disent-ils?

En matière ordinaire, tout comme pour les crimes qui intéressent la sûreté de l'État, les préfets peuvent rendre de grands services parce qu'ils disposent de nombreux moyens d'exécution, et que leur action est prompte. Mais cette action sera-t-elle applicable dans tous les cas?

Beaucoup d'auteurs pensent que le préfet n'exerce la police judiciaire dans les affaires communes qu'en cas de flagrant délit. Ils s'appuient sur la répugnance d'une partie du Conseil d'État à concéder à ce fonctionnaire aucune espèce de pouvoir en matières communes, et aussi sur ce que, même pour les crimes qui intéressent la sûreté de l'État, les discours prononcés au Conseil d'État par M. Treilhard, semblent souvent avoir en vue des cas exceptionnels, urgents. Ainsi, M. Treilhard dit notamment que *le préfet n'est qu'accidentellement officier de police judiciaire.....* *que si un préfet est instruit qu'il se tient actuellement une assemblée de conjurés, il s'y transporte à l'instant même et saisit tout à la fois et les hommes et les pièces de conviction.* (Locré, page 202.)

C'est sous le bénéfice de ces observations très-nettes qu'il n'avait certainement pas oubliées, que le conseil d'État accepta l'article 10, tel qu'il lui fut présenté dans la séance du 4 octobre 1808, et il a pensé que, dans ces termes, le pouvoir des préfets servirait efficacement les intérêts du corps social.

N'est-on pas fondé à soutenir la doctrine que les préfets n'ont le pouvoir d'exercer la police judiciaire que dans les cas de flagrant délit?

Si le préfet voulait cesser d'être autre chose qu'un agent judiciaire tout à fait accidentel, et prétendait instruire les affaires criminelles, ou retenir quelqu'un en prison, il ne pourrait pas s'appuyer sur l'article 10 du Code d'instruction criminelle.

Il n'y aurait jamais eu de doute ni de discussion sur la portée de cet article, sans la manière incomplète dont il est rédigé. Il ne reproduit pas d'une manière assez explicite les intentions des législateurs. De là vient qu'il est nécessaire qu'un peu d'étude et de recherches fasse connaître la véritable signification du texte.

Tenons pour constant que le préfet, agissant en vertu de l'article que nous venons d'étudier, doit remettre le prévenu à la justice immédiatement, et sans le détenir par-devers lui ; que tous ses pouvoirs cessent de plein droit dès que le prévenu est placé sous la main des magistrats. Autrement le juge d'instruction ne serait plus rien, et le préfet, comme autrefois les intendants, réunirait les deux pouvoirs, justice et administration. Ce n'est pas ce que disent les procès-verbaux des séances du conseil d'État.

XXXVII.

L'article 509 du Code d'instruction criminelle confère au préfet, dans des circonstances particulières, certaines fonctions de police, et aussi le droit d'arrestation. Lorsque ce fonctionnaire exerce publiquement quelque acte de son ministère, si l'un ou plusieurs des assistants donnent des signes publics soit d'approbation, soit d'improbation, ou

excitent du tumulte de quelque manière que ce
soit, il aura le droit de les faire expulser. S'ils ré-
sistent à cet ordre, le préfet, après avoir fait saisir
les perturbateurs, dressera procès-verbal du délit,
et enverra ce procès-verbal, s'il y a lieu, ainsi que
les prévenus, devant les juges compétents.

Ajoutons que cet article 509 confère aux maires
et adjoints, aux officiers de police administrative et
judiciaire, les mêmes pouvoirs qu'au préfet, pour
les cas qu'il détermine. Nous faisons ici cette mention d'une manière générale, afin de ne pas avoir à
la répéter chaque fois qu'il serait nécessaire.

XXXVIII.

Terminons ici ce que nous avions à dire sur le
premier fonctionnaire de l'administration dans les
départements. Nous arrivons aux magistrats de
l'ordre judiciaire. Il en est beaucoup qui sont investis par les lois du droit d'arrestation. Le juge
d'instruction est celui d'entre eux dont les fonctions

doivent, il nous semble, être étudiées en première ligne.

XXXIX.

LE JUGE D'INSTRUCTION.

Pour connaître les attributions du juge d'instruction, il est inutile de demander à l'étude des lois anciennes des éclaircissements et des interprétations. Les législateurs modernes ont pris soin d'indiquer très-clairement et tout au long ce que ce fonctionnaire a le droit de faire, et aussi comment il agira. Il peut s'élever des controverses sur l'opportunité de tel ou tel pouvoir à lui concédé, mais il ne s'en élève pas sur le sens des textes ni sur l'étendue de ses droits. Compulser l'ordonnance de 1670 et les lois qui ont précédé le Code d'instruction criminelle, donner des extraits du tout, n'aboutirait à rien de très-utile.

Et de même, pour tous les sujets que la fin de ce chapitre va renfermer, il semble que les recherches historiques ne donneraient que des résultats peu profitables. Si donc une nécessité indispensable obligeait d'entreprendre quelque excursion dans le passé, ce travail serait infiniment court.

Le juge d'instruction, son nom l'indique, est le fonctionnaire investi entre tous du devoir d'examiner, de suivre, d'instruire, comme dit le mot légal, toutes les affaires criminelles venant à la connaissance de la justice. On peut l'appeler l'investigateur par excellence. L'article 9 du Code d'instruction criminelle, en paraissant le mettre sur le même rang que les autres officiers de police judiciaire, et en ne signalant pas entre eux et lui de distinction, peut donner naissance à une opinion inexacte.

Le juge d'instruction est officier de police judiciaire, sans aucun doute; mais il est plus encore : il est le chef chargé de diriger ordinairement toutes les recherches faites par les officiers de police judiciaire; c'est le grand maître de toute la partie active et militante de la justice. Ses pouvoirs sont supérieurs à ceux de tous les officiers de police judiciaire sans exception : nous verrons cette suprématie quand nous détaillerons tous ses droits. Contentons-nous de dire pour l'instant que, seul d'entre eux, il peut décerner des mandats d'arrêt.

La loi exprime nettement par ses diverses prescriptions qu'elle tient le juge d'instruction pour un des magistrats qui lui offrent les plus grandes garanties d'indépendance, de sagesse, de force morale ; qu'elle le considère comme une des plus complètes expressions de l'impartialité, de la prudence humaine. Elle n'oublie pas que le procureur impérial lui-même, est aussi bien le fonctionnaire de l'administration que l'agent de la justice, puisqu'elle ne lui a point concédé toute l'étendue des pouvoirs du magistrat instructeur.

Une loi récente a singulièrement augmenté, pour ne pas dire transformé, les attributions du juge d'instruction ; un grand nombre des articles du Code de 1808 ont disparu ; c'est la loi du 17 juillet 1856 qui détermine la plus grande partie de l'organisation et des pouvoirs actuels des juges d'instruction ; elle a pris la place des articles supprimés.

XL.

Le juge d'instruction est nommé par décret impérial.

Il est nommé pour trois ans; à l'expiration de
ces trois années, il peut être continué plus longtemps.

Dans chaque arrondissement il y a un juge d'instruction. Dans les arrondissements où les besoins
du service l'exigeront, il pourra en être établi plusieurs.

A Paris, le nombre de ces magistrats est considérable. Le Code d'instruction criminelle de 1808
portait qu'il y aurait à Paris six juges d'instruction;
un décret du 8 mars 1811 en institue trois de plus.
Rien n'a été changé pendant plus de vingt-cinq
ans. En 1837, la loi du 19 juillet fixe le nombre
des juges d'instruction à douze; il leur est adjoint
quatre suppléants. Enfin, la loi du 23 avril 1841
décide qu'il y aura à Paris seize juges d'instruction
titulaires.

En province, quelques chefs-lieux de départements ont plus d'un juge d'instruction. Citons
notamment Strasbourg. (Décret du 13 juillet 1853.)

Dans les tribunaux où le service l'exigera, il
peut même y avoir des juges d'instruction tempo-
raires, agissant concurremment avec le juge titulaire. Ce juge temporaire sera nommé par décret
impérial, et choisi parmi les juges suppléants.

Les juges d'instruction seront pris parmi les
juges titulaires du tribunal civil; ils pourront
aussi être pris parmi les juges suppléants.

La loi a pris des mesures pour que le service ne
souffre jamais de temps d'arrêt, et pour qu'il ne
soit pas nécessaire de recourir au chef du pouvoir
exécutif dans les cas de nécessités urgentes et acci-
dentelles. Si le juge d'instruction est malade,
absent ou autrement empêché, le tribunal de première instance désignera un des juges de ce tribunal pour le remplacer. Cette faculté est exercée
dans les villes où il n'y a qu'un seul juge d'instruction. Il n'est pas dit textuellement si elle serait
illégale dans le cas où les deux juges d'instruction

d'une ville comme Strasbourg seraient malades ou autrement empêchés.

Voir les dispositions des articles 55, 56, 58 du Code d'instruction criminelle.

Ainsi, toutes les précautions sont prises; l'administration de la justice ne peut pas souffrir; le cabinet de l'instruction ne cesse pas d'être occupé. Comment fonctionne la protection instituée par la loi dans l'intérêt de tout le monde?

XLI.

En principe, le juge d'instruction ne peut faire aucun acte d'instruction, aucun acte de poursuite, avant d'en avoir été requis par le procureur impérial. Ce principe est si absolu que, dans le cas où le juge d'instruction recevrait une plainte, et quand bien même il serait compétent pour en connaître, aux termes de l'article 69 du Code d'instruction criminelle, néanmoins il serait tenu de ne pas agir avant d'avoir communiqué la plainte au procureur impérial, et d'avoir reçu les réquisitions de ce magistrat. (Article 70 du Code d'instruction criminelle.)

De son côté, si le procureur impérial est instruit, soit par une dénonciation, soit par toute autre voie, qu'il a été commis dans son arrondissement un crime ou un délit, ou qu'une personne qui en est prévenue se trouve dans son arrondissement, il est tenu de requérir le juge d'instruction d'ordonner qu'il en soit informé. (Article 47, instruction criminelle).

De plus, le juge d'instruction est tenu de donner communication de la procédure au procureur impérial, qui peut requérir cette communication à toutes les époques de l'information. (Nouvel article 61.)

De cette manière, l'union est complète entre le juge et le fonctionnaire amovible; tous deux marchent d'accord; la procédure y gagne de l'ensemble et une double force.

Sur les réquisitions du procureur impérial, le juge d'instruction ordonne toutes les mesures nécessaires pour arriver à la connaissance de ce qui est vrai. C'est le mode d'agir ordinaire.

Néanmoins, la confiance infinie de la loi dans le juge d'instruction a permis que ce principe général reçût de graves restrictions, puisque le juge instructeur a le droit de délivrer, s'il y a lieu, le mandat d'amener, et même le mandat de dépôt, sans que ces mandats soient précédés des conclusions du procureur impérial. Ainsi le voulait l'ancien article 61 du Code d'instruction criminelle; ainsi le veut encore le nouvel article datant de 1856.

Qu'est-ce que le mandat d'amener, qu'est-ce que le mandat de dépôt? Ces questions nous mènent naturellement à l'examen des attributions les plus importantes du juge d'instruction, c'est-à-dire à ses droits vis-à-vis de ses concitoyens et sur leur liberté. Dans quels cas et par quels actes le juge d'instruction peut-il suspendre l'exercice de l'indépendance civile?

Voyons en premier lieu les actes par lesquels ce magistrat agit; quand nous les aurons étudiés, nous pourrons les nommer ensuite à bon escient.

XLII.

Tous les ordres écrits que le juge d'instruction donne, et qui ont pour objet une contrainte morale ou physique exercée sur l'indépendance civile d'un individu, portent le nom générique de mandat.

Quelles sont les diverses espèces de mandats, quels sont leurs caractères et leurs effets? Nous dirons plus tard dans quels cas le juge peut recourir à l'un ou à l'autre de ces moyens d'action.

Il est quatre sortes de mandats :

1° Le mandat de comparution ;

2° Le mandat d'amener ;

3° Le mandat de dépôt ;

4° Le mandat d'arrêt.

Dans cette liste, nous avons suivi le degré de force. Le mandat de comparution est le moins rigoureux puisqu'il ne s'adresse qu'à la raison, au consentement ; et le mandat d'arrêt, le plus terrible puisqu'il ne peut être révoqué.

XLIII.

Le mandat de comparution n'est qu'un ordre de se présenter devant le juge d'instruction tel jour et à telle heure; l'individu cité est maître de venir ou de s'y refuser. Le juge d'instruction signifie à quelqu'un qu'il veut le voir, lui parler, et lui déclare sa volonté; mais cette volonté n'est imposée que moralement. Si l'individu obéit, il n'obéit qu'à la contrainte morale; elle seule lui fait faire une chose qu'il ne ferait pas sans ordre exprès.

L'article 95 du Code d'instruction criminelle indique les formes principales que le mandat de comparution doit revêtir: il sera signé par celui qui l'aura décerné et muni de son sceau; le prévenu y sera nommé ou désigné le plus clairement qu'il sera possible.

Il faut autre chose que ces indications pour apprendre exactement à quelqu'un comment est fait un mandat de comparution. Afin que la pratique

complète l'enseignement, nous donnons un spécimen
de ce mandat :

AU NOM DE L'EMPEREUR.

MANDAT

DE

COMPARUTION

Nous

Juge

d'instruction de l'arrondissement de
département de   y demeurant ;

Mandons et ordonnons à
de comparaître devant nous le
heure de   en la
chambre d'instruction des procédures criminelles,
pour être par nous entendu   sur les inculpations
qui lui sont faites.

Mandons à tous huissiers ou agents de la force
publique de notifier le présent a   dit

Fait et délivré à   le

Sceau.   *Signature.*

XLIV.

Le mandat d'amener est délivré dans le même but que le mandat de comparution ; mais la contrainte n'est plus seulement morale, elle est physique. Le Juge d'instruction somme un individu de comparaître devant lui, et si cet individu s'y refuse, il y sera contraint par la force ; les moyens de rigueur appuient la volonté du magistrat. L'obéissance est de nécessité. Voici comment l'article 95 est appliqué au sujet du mandat d'amener :

AU NOM DE L'EMPEREUR.

———

Nous

Juge d'instruction de l'arrondissement de
département de   y demeurant ;

Mandons et ordonnons à tous huissiers ou

agents de la force publique d'amener par-devant nous, en se conformant à la loi, le nommé

pour être par nous entendu sur les inculpations qui lui sont faites.

Requérons tous dépositaires de la force publique, de prêter main-forte, en cas de nécessité, pour l'exécution du présent Mandat.

Fait à   le

Sceau.   *Signature.*

Voir le paragraphe LXX.

XLV.

Le mandat de dépôt a un tout autre but que les deux mandats précédents. Il est délivré pour ordonner le dépôt de la personne dans une maison d'arrêt : ses formes, de même que celles du mandat

de comparution et du mandat d'amener, sont déterminées par l'article 95 du Code d'instruction criminelle.

AU NOM DE L'EMPEREUR.

____

Nous

Juge d'instruction de l'arrondissement de
département de   y demeurant,

Mandons et ordonnons à tous huissiers ou agents
de la force publique de conduire à la maison
d'arrêt établie en cette ville, en se conformant aux
lois, le nommé

Mandons et enjoignons au gardien de ladite
maison de le recevoir et le retenir en dépôt

jusqu'à ce qu'il en soit autrement ordonné par la justice, sous les peines de droit.

Requérons tous dépositaires de la force publique, de prêter main-forte, en cas de nécessité, pour l'exécution du présent mandat.

Fait à   le

Sceau.   *Signature.*

XLVI.

Enfin, le mandat d'arrêt a le même but que le mandat de dépôt, mais il a des effets différents. Le mandat d'arrêt ordonne l'emprisonnement d'une manière définitive, en ce sens que la mainlevée du mandat d'arrêt ne peut pas être donnée, tandis que le mandat de dépôt ne prescrit la détention préventive que comme mesure provisoire; il est vrai que ce provisoire peut se continuer longtemps. Disons que, dans la pratique, le mandat d'arrêt est très-rarement décerné; on s'en tient au mandat de dépôt, au moyen duquel on obtient une détention préventive tout aussi valable, et qu'il est permis de faire cesser sans que le procès soit abandonné. Les formalités du mandat d'arrêt sont spécifiées par les articles 95 et 96 du Code d'instruction criminelle. Nous connaissons l'article 95, voyons ce que dit l'article 96 ; nous le donnons en entier :

« Les mêmes formalités (*que pour les autres*
« *mandats*) seront observées dans le mandat d'ar-
« rêt ; ce mandat contiendra, de plus, l'énoncia-
« tion du fait pour lequel il est décerné, et la cita-
« tion de la loi qui déclare que ce fait est un crime
« ou un délit. »

Ainsi, caractères spéciaux du mandat d'arrêt : énonciation du fait, citation de la loi.

Effet spécial : il est irrévocable et ne peut plus être levé. Comme nous le verrons au paragraphe **XCIV**, la mainlevée du mandat de dépôt peut, au contraire, être ordonnée.

DÉPARTEMENT

de

______

TRIBUNAL

de

______

**Chambre
d'instruction**

______

SIGNALEMENT.

______

*Taille d'un mètre
millimètres.*

cheveux

sourcils

front

yeux

nez

bouche

menton

visage

teint

*Signes
particuliers :*

MANDAT D'ARRÊT.

____

AU NOM DÉ L'EMPEREUR.

____

Nous

Juge d'instruction de l'arrondissement de

département de   , y demeurant,

Mandons et ordonnons à tous huissiers ou agents de la force publique de conduire à la maison d'arrêt établie en cette ville le nommé

prévenu de

délit prévu par   article   du Code pénal.

Mandons au gardien de ladite maison d'arrêt de le recevoir; le tout en se conformant à la loi.

Requérons tous dépositaires de la force publique auxquels le présent mandat sera notifié de prêter main-forte pour son exécution en cas de nécessité.

Fait à   le

Signature.

Cachet officiel.

XLVII.

Ainsi, ces quatre mandats peuvent se grouper en deux classes :

En premier lieu : ordre de comparaître, qui se donne par le mandat de comparution et par le mandat d'amener; d'un côté, l'exécution volontaire; de l'autre, l'exécution forcée.

En second lieu : ordre d'emprisonner, qui se donne par le mandat de dépôt et par le mandat d'arrêt. Le caractère définitif de ce mandat d'arrêt joue un grand rôle dans la question de la suspension de la détention préventive.

XLVIII.

Les quatre mandats sont exécutoires dans toute l'étendue du territoire; il a été pourvu au moyen de mise à exécution.

Le porteur du mandat d'amener emploiera au

besoin la force publique du lieu le plus voisin ; elle sera tenue de marcher sur la réquisition contenue dans le mandat d'amener.

L'officier chargé de l'exécution d'un mandat de dépôt ou d'arrêt se fera accompagner d'une force suffisante pour que le prévenu ne puisse se soustraire à la loi ; cette force sera prise dans le lieu le plus à portée de celui où le mandat d'arrêt ou de dépôt devra s'exécuter, et elle est tenue de marcher sur la réquisition directement faite au commandant et contenue dans ce mandat.

Telles sont les volontés des articles 98, 99, 108 du Code d'instruction criminelle.

XLIX.

Convenons que le magistrat revêtu du droit de décerner des mandats de dépôt et d'arrêt est en possession d'un pouvoir supérieur à tout ; l'administration de la justice, les forces militaires, lui doivent main-forte. A peu d'exceptions près, tout le monde, un magistrat lui-même, est tenu de se soumettre à un ordre consigné dans un mandat. Que de dangers, que de désastres, si nous n'avions pas, pour nous donner confiance et sûreté, la sagacité, la conscience des magistrats instructeurs!

L

Dans quels cas les différents mandats seront-ils décernés? La loi répond :

Art. 91 du Code d'instruction criminelle :

« Lorsque l'inculpé sera domicilié et que le fait
« sera de nature à ne donner lieu qu'à une peine
« correctionnelle, le juge d'instruction pourra,
« s'il le juge convenable, ne décerner contre l'in-
« culpé qu'un mandat de comparution, sauf, après
« l'avoir interrogé, à convertir le mandat en tel
« autre qu'il appartiendra.

« Si l'inculpé fait défaut, le juge d'instruction
« décernera contre lui un mandat d'amener. »

Cette première partie de l'article se rapporte

exclusivement aux individus domiciliés, inculpés d'un délit correctionnel; la seconde partie prévoit des cas plus graves.

« Il décernera pareillement mandat d'amener
« contre toute personne, de quelque qualité
« qu'elle soit, inculpée d'un délit emportant peine
« afflictive ou infamante. »

Voilà pour ce qui regarde les deux mandats de la première classe, à savoir ceux qui ont pour objet de faire comparaître de gré ou de force une personne inculpée.

Quant au mandat de dépôt, l'article 61 nous a appris que le juge d'instruction pouvait le délivrer sans que ce mandat soit précédé des conclusions du procureur impérial; il peut y recourir, soit qu'il s'agisse d'un délit correctionnel, soit qu'il s'agisse d'un crime.

L'article 94 exige que les conclusions du procureur impérial soient données avant que le mandat d'arrêt puisse être décerné. Remarquons qu'il n'est pas question de conclusions conformes; cette conformité des volontés du procureur impérial et du juge d'instruction n'est pas exigée textuellement.

Art. 94 du Code d'instruction criminelle, *in fine :*

« Le juge d'instruction pourra aussi, après
« avoir entendu l'inculpé, et le procureur impé-
« rial ouï, décerner, lorsque le fait emportera
« peine afflictive ou infamante ou emprisonne-
« ment correctionnel, un mandat d'arrêt dans la
« forme qui sera ci-après présentée. »

LI.

Qu'on me permette de citer un exemple de l'application possible des pouvoirs du juge d'instruction.

Un entrepreneur de constructions, bien connu
dans la ville où il est domicilié depuis longtemps,
considéré, et à la tête de grands travaux, fait élever un échafaudage sur lequel des ouvriers doivent travailler. Par malheur, cet échafaudage ne
réunit pas strictement toutes les conditions de so-

lidité nécessaires : il s'écroule ; l'un des ouvriers se fracture un bras dans la chute. Ce n'est pas seulement un accident infiniment triste et déplorable ; la loi a jugé que le défaut d'une précaution nécessaire devait être puni, et, dans le cas supposé, l'article 320 du Code pénal prononce une peine contre l'entrepreneur ; il peut être frappé d'un emprisonnement de six jours à deux mois.

Aux termes de l'article 94 du Code d'instruction criminelle, le juge d'instruction a le droit de décerner contre l'entrepreneur non-seulement un mandat de dépôt, mais encore un mandat d'arrêt, c'est-à-dire un ordre d'emprisonnement dont la mainlevée ne peut pas être donnée. La détention préventive peut être longue, si elle dure jusqu'à la fin d'une enquête ouverte sur un fait toujours difficile à éclaircir, sur une question d'imprudence.

Je sais bien que les juges d'instruction sont trop scrupuleux et trop bienveillants pour s'emparer, plusieurs semaines avant le jugement, d'un homme qui ne songe pas à fuir ; mais enfin, la loi leur en donne le droit.

Quand même ce droit serait contesté, le prévenu resterait en prison jusqu'à ce qu'il ait fait
juger une question où il n'aurait pas les termes de
la loi pour lui, et dont la solution pourrait se faire
attendre longtemps.

LII.

Tout ce que nous avons dit jusque-là sur les
attributions du juge d'instruction regarde le cours
habituel des choses; voilà quel est le mode suivant
lequel ce magistrat procède d'ordinaire.

La manière dont les faits criminels se présentent modifie le pouvoir du juge d'instruction.
La loi veut que ce pouvoir s'adapte aux circonstances. Si, par exemple, l'événement est pressant,
s'il y a péril en la demeure, en un mot dans les
cas de flagrant délit, les droits du juge d'instruction s'augmentent : ils sont mis en harmonie avec
les exigences de la situation.

L'article 59 du Code d'instruction criminelle

nous dit en quoi consiste cet accroissement de droits :

« Le juge d'instruction, dans tous les cas répu-
« tés flagrant délit, peut faire directement, et par
« lui-même, tous les actes attribués au procureur
« impérial, en se conformant aux règles établies
« au chapitre des procureurs impériaux et de
« leurs substituts. Le juge d'instruction peut re-
« quérir la présence du procureur impérial, sans
« aucun retard néanmoins des opérations pres-
« crites dans ledit chapitre. »

La véritable signification de cet article, c'est que le flagrant délit ajoute aux droits du juge d'instruction tous ceux du procureur impérial; il est de l'essence du flagrant délit d'augmenter, non pas de restreindre les pouvoirs des magistrats. Si le juge d'instruction devenait, aux termes de l'article 59, un procureur impérial sans rester juge d'instruction, il ne pourrait pas décerner le mandat de dépôt contre l'individu qu'il recherche; ce qui n'est pas soutenable.

Le principal effet pratique de ce texte de loi,

c'est que le juge d'instruction peut, en cas de flagrant délit, agir seul, de lui-même, en l'absence du procureur impérial et sans réquisition préalable de ce magistrat. C'est une dérogation formelle aux principes généraux et notamment à l'article 62, qui dit que, lorsque le juge d'instruction se transportera sur les lieux, il sera toujours accompagné du procureur impérial. On voit que l'ordre des articles du Code d'instruction criminelle n'est point parfait, puisqu'une exception se trouve posée avant la règle générale.

— Pour éviter des redites, nous renvoyons au paragraphe LXXX tout ce que nous avons à dire du juge d'instruction au sujet des visites domiciliaires et perquisitions.

LIII.

Nous avons vu dans quels cas et par quels mandats un individu peut être arrêté sur l'ordre du juge d'instruction. L'individu arrêté est en prison, il y attend son élargissement ou son renvoi par

devant des juges. Cette détention préventive est la
suspension du droit de l'indépendance civile avant
qu'un jugement ait prononcé que le prévenu s'est
rendu indigne de la conserver; il est donc très-
important de savoir qui peut rendre le prévenu à
la liberté ou déterminer quels seront ses juges.

La loi du 17 juillet 1856, supprimant la Chambre du conseil, en a transporté les pouvoirs au
juge d'instruction. Aujourd'hui, voici comment
les choses se passent. Nous citons presque textuellement les nouveaux articles du Code d'instruction
criminelle ayant trait aux attributions du juge
d'instruction.

LIV.

La procédure une fois terminée, le juge d'instruction la communique au procureur impérial,
qui lui adresse ses réquisitions dans les trois
jours (127).

Le juge d'instruction rend alors une ordonnance

qui est inscrite à la suite du réquisitoire ; cette ordonnance contient les nom, prénoms, âge, lieu de
naissance, domicile et profession du prévenu,
l'exposé sommaire et la qualification légale du fait
qui lui est imputé (134).

Si le juge d'instruction est d'avis que le fait ne
présente ni crime, ni délit, ni contravention, ou
qu'il n'existe aucune charge contre l'inculpé, il
déclare dans cette ordonnance qu'il n'y a pas lieu
à poursuivre, et si l'inculpé avait été arrêté, il sera
mis en liberté (128).

Si le juge d'instruction est d'avis que le fait n'est
qu'une simple contravention de police, il renverra
l'inculpé devant le tribunal de police, et ordonnera
sa mise en liberté, s'il est arrêté (129).

S'il est d'avis que le délit est de nature à être
puni par des peines correctionnelles, il renverra
le prévenu au tribunal de police correctionnelle.
Si, dans ce cas, le délit peut entraîner la peine
d'emprisonnement, le prévenu, s'il est en état
d'arrestation, y demeurera provisoirement (130).

Si le délit ne doit pas entraîner la peine de l'emprisonnement, le prévenu sera mis en liberté, à la charge de se présenter au jour fixé devant le tribunal compétent. (131, article non modifié.)

Arrivons à ce qui regarde les faits *criminels*, suivant la qualification légale.

Si le juge d'instruction estime que le fait est de nature à être puni de peines afflictives et infamantes, et que la prévention est suffisamment établie, il ordonnera que les pièces d'instruction, le procès-verbal constatant le corps du délit, et un état des pièces servant à conviction, soient transmis sans délai par le procureur impérial au procureur général près la Cour impériale (133), lequel ordonnera que l'affaire soit présentée à la Chambre des mises en accusation dans les délais indiqués par l'article 217.

Telles sont les diverses distinctions consacrées par la loi nouvelle.

LV.

Est-ce à dire que le juge d'instruction, souverain, en quelque sorte, pour tout ce qui regarde les mesures d'instruction proprement dites, est aussi souverain pour ce qui touche la détermination de juridiction et l'élargissement en l'absence de tout jugement? Non. L'idée de contrôle d'une décision par une autre ne perd jamais ses droits. Dans l'état ordinaire des choses, ce contrôle est sollicité par la voie de l'appel; l'ordonnance du juge d'instruction peut être attaquée comme les jugements des tribunaux, seulement le moyen de plainte change de nom. Comme l'ordonnance du juge d'instruction n'est pas rendue contradictoirement avec les intéressés, la loi ne dit pas qu'il y aura lieu à appel de cette ordonnance, mais elle dit qu'elle sera attaquée par voie d'opposition. Cette opposition a le même résultat que l'appel.

En effet, si c'était par une véritable opposition, dans le sens légal et rigoureux du mot, que le prévenu a le droit de se plaindre d'une ordonnance du juge d'instruction, il en résulterait qu'il faudrait revenir par-devant la juridiction qui a statué, c'est-à-dire par-devant le juge d'instruction; ce qui n'est pas. Le mot *opposition* remplace ici véritablement le mot *appel*, au moins dans ses effets, puisque la décision attaquée est soumise au contrôle d'une juridiction supérieure. En nous tenant au mot de la loi, disons que le moyen de plainte contre une ordonnance du juge d'instruction est d'y former opposition.

Plusieurs personnes peuvent user de ce droit.

En première ligne, le procureur impérial. Ce magistrat peut former opposition dans tous les cas et à toutes les ordonnances du juge d'instruction (135).

Après lui vient la partie civile, qui a le droit de former opposition à la mise en liberté du prévenu, ordonnée aux termes des articles 114, 128, 129 ; à son renvoi devant la police correctionnelle, ordonné aux termes de l'article 131 ; enfin, à toute ordonnance faisant grief à ses intérêts civils, et aussi dans le cas prévu par l'article 539.

La loi veut que ces oppositions soient formées dans un délai très-court.

Le procureur impérial n'a que vingt-quatre

heures à compter du jour de l'ordonnance (135).

Quant à la partie civile, la signification de l'ordonnance doit lui être faite dans les vingt-quatre heures de sa date, et au domicile élu par elle dans le lieu où siége le tribunal. La partie civile devra former son opposition dans un délai de vingt-quatre heures, qui courra à compter de cette signification (135).

Le prévenu gardera prison jusqu'à ce qu'il ait été statué sur l'opposition, et, dans tous les cas, jusqu'à l'expiration du délai d'opposition (135).

Les législateurs de 1856 ont voulu que le procureur général près la Cour impériale ait aussi le droit de former opposition aux ordonnances du juge d'instruction :

« Comment ce magistrat, dit l'exposé des mo-
« tifs de la loi du 17 juillet 1856, n'aurait-il pas
« la latitude, en matière d'indices, de réparer une
« erreur commise dans l'éloignement de sa sur-
« veillance, et de ressaisir un criminel échappé à
« son autorité? »

« Adoptant une combinaison qui réserve tous

« les droits et protége tous les intérêts, » le gouvernement a proposé de conférer au procureur
général un droit que les Chambres législatives ont
trouvé juste. En conséquence, le nouvel article 135,
in fine, porte que, dans tous les cas, le droit d'opposition appartiendra au chef du parquet du
ressort.

Afin de lui laisser le temps de prendre des renseignements sur une affaire se passant loin de lui,
on a décidé que le délai d'opposition serait pro-
longé en sa faveur; au lieu de vingt-quatre heures
accordées au procureur impérial, dont le cabinet
touche celui du juge d'instruction, on accorde au
procureur général dix jours.

Avec l'idée de ne léser ni aucun droit, ni aucun
intérêt, en même temps que ce long délai est établi, la loi déclare que la disposition de l'ordonnance qui prononce la mise en liberté du prévenu
sera provisoirement exécutée (135, dernier paragraphe).

LVI.

Qui prononcera sur toutes ces oppositions? Qui décidera si l'ordonnance du juge d'instruction est bien ou mal rendue?

C'est une section de la Cour impériale, spécialement formée à cet effet; elle sera tenue de se réunir, sur la convocation de son président et sur la demande du procureur général toutes les fois qu'il sera nécessaire (218).

Pour éviter tout retard dans la décision, l'article 219 ordonne que le président sera tenu de faire prononcer la section immédiatement après le rapport du procureur général. En cas d'impossibilité, la section devra prononcer au plus tard dans les trois jours.

LVII.

Jusque-là nous n'avons rien dit du prévenu. N'a-

t-il donc pas le droit de former opposition à l'ordonnance du juge d'instruction?

Si la décision est en sa faveur et prononce son
élargissement, il est sensible que le prévenu n'a
point d'opposition à former.

Mais si l'ordonnance le renvoie devant le tribunal correctionnel, quand il pense que le fait incriminé n'est pas de la compétence de ce tribunal,
que doit faire le prévenu? L'article 135 ne lui
donne pas le droit de se plaindre par opposition de
l'ordonnance rendue en vertu de l'article 130.
Pourtant, si ce prévenu est en arrestation, il a
grand intérêt à ne pas y demeurer provisoirement.
L'article 94, sur la mainlevée du mandat de dépôt, et l'article 114 sur la mise en liberté provisoire moyennant caution, indiquent la marche à
suivre. Nous parlerons avec détail de ces deux
articles aux paragraphes XCIII et XCIV.

Dans les affaires de nature à entraîner des
peines afflictives ou infamantes, et dont le juge
d'instruction envoie les pièces à la Cour impériale,
les formalités changent; il y a autre chose que

l'ordonnance du juge. En effet, quand la Chambre des mises en accusation a été saisie par l'envoi de la procédure que lui a fait le juge d'instruction, la Chambre examine le procès, et, après mûr examen, elle décide.

Trois décisions différentes sont possibles :

Ou bien la Cour n'aperçoit aucune trace d'un délit prévu par la loi, ou elle ne trouve pas des indices suffisants de culpabilité; dans ce premier cas, la Cour ordonnera la mise en liberté du prévenu, ce qui sera exécuté sur-le-champ (229);

Ou bien la Cour estime que le prévenu doit être renvoyé à un tribunal de simple police ou à un tribunal de police correctionnelle; dans ce deuxième cas, elle prononcera le renvoi devant le tribunal compétent. Et de plus, dans le cas de renvoi à un tribunal de simple police, le prévenu sera mis en liberté (230); mais, dans le cas de renvoi en police correctionnelle, si le prévenu a été arrêté, et si le délit peut entraîner la peine d'emprisonnement, il gardera prison jusqu'au jugement (239).

Enfin, si la Cour estime qu'il y a lieu de prononcer la mise en accusation, elle renverra le prévenu aux assises, en décernant contre lui une ordonnance de prise de corps (231, 232).

L'ordonnance de prise de corps est l'acte le plus grave et le plus décisif de tous ceux de l'instruction préalable, parce qu'elle émane d'un véritable tribunal, au lieu d'être l'expression de l'opinion d'un seul. Cette ordonnance contient les nom, prénoms, âge, lieu de naissance, domicile et profession de l'accusé; elle contient en outre, à peine de nullité, l'exposé sommaire et la qualification légale du fait, objet de l'accusation (232). Elle est insérée dans l'arrêt de mise en accusation, lequel contient aussi l'ordre de conduire l'accusé dans la maison de justice établie près la Cour où il sera renvoyé (233).

Dans ce dernier cas, où la Cour est du même avis que le juge d'instruction, le droit, pour l'accusé, de se pourvoir contre l'arrêt de la Cour, est réglé par l'article 296, qui indique dans quels délais et dans quelles circonstances le pourvoi doit être formé.

LVIII.

Résumons, en quelques mots, les pouvoirs du juge d'instruction sur la liberté civile des individus.

Il ordonne qu'un tel comparaîtra par devant lui soit de gré, soit de force; il ordonne les arrestations provisoires et définitives. C'est de son activité, de son intelligence, de l'intérêt qu'il apporte à l'instruction des affaires, que dépend la durée de la détention préventive; il décide provisoirement si l'inculpé doit être mis en liberté; il détermine, sauf contrôle, par quelle juridiction doit être jugé l'homme qu'il regarde comme coupable; enfin, nous trouverons, dans une autre partie, qu'il a de grands pouvoirs sur le domicile des individus (paragraphe LXXX), sur les demandes de mise en liberté provisoire moyennant caution (paragraphe XCIII), sur les demandes en mainlevée des mandats de dépôt (paragraphe XCIV).

A la vue de ces droits si nombreux, si énormes,
en considérant l'importance de ses fonctions, on
est fondé à se dire que le juge d'instruction est le
maître pour un temps de la liberté de ses concitoyens. On dépend de la loi seule, cela est vrai en
principe; mais, puisque l'application de la loi doit
être remise à la décision d'un homme, puisque
cette décision peut avoir de très-graves conséquences, n'a-t-on pas raison d'aimer que la loi
choisisse pour ses ministres les plus excellents des
hommes?

LIX.

LE JUGE SUPPLÉANT.

Les juges suppléants sont des magistrats dont la
création remonte à l'article 5 du titre II du décret
des 16-24 avril 1790, sur l'organisation judiciaire.

Leurs attributions sont diverses, et la nature de

ces attributions est indiquée par le nom même de juge suppléant. Citons quelques textes.

L'article 29 du décret des 6-27 mars 1791 dit que les juges suppléants ne seront appelés par le tribunal que dans le cas où leur assistance sera nécessaire à la validité des jugements.

L'article 84 du Code de procédure civile leur donne le droit d'occuper le siége du ministère public dans le cas où les procureurs impériaux et leurs substituts sont absents ou empêchés, et si un juge titulaire ne peut pas les remplacer.

Le décret du 30 mars 1808 indique dans son article 49 les principales fonctions des juges suppléants lorsqu'il dit qu'ils remplaceront les juges titulaires empêchés. L'article 41 de la loi du 20 avril 1810 ne s'en tient pas là. Il permet aux juges suppléants d'assister à toutes les audiences, leur donne voix consultative ; même il crée pour eux un droit considérable en ajoutant que, en cas de partage, le plus ancien dans l'ordre de réception aura voix délibérative. Empressons-nous d'ajouter que ce dernier droit est contredit par l'article 11 de la loi du 11 avril 1838 sur les tribunaux civils de première instance, qui décide que les juges suppléants n'auront voix délibérative que lorsqu'ils remplaceront un juge.

Nous devons mentionner aussi une loi du 10 décembre 1830 qui, dans son article 3, porte que les juges suppléants pourront être appelés aux fonctions du ministère public si les besoins du service l'exigent.

Pour être nommé juge suppléant d'un tribunal de première instance, quelles conditions d'âge et de capacité doit-on réunir? L'article 64 de la loi du 20 avril 1810 répond qu'il faut être âgé de vingt-cinq ans accomplis, licencié en droit et avoir suivi le barreau pendant deux ans.

Il est nécessaire de faire observer qu'aucune loi ancienne ou récente n'a donné au juge suppléant le droit de conserver ses fonctions pendant un temps déterminé; ce magistrat est amovible; il peut être révoqué du jour au lendemain et remplacé par celui que l'administration supérieure trouve à propos de nommer.

LX.

Après cet exposé rapide, arrivons au plus important de tous les droits du juge suppléant. En vertu de lois récentes, ce magistrat peut être nommé juge d'instruction et exercer tous les droits indiqués il n'y a qu'un instant.

Cette innovation ne date pas de bien loin; elle est consignée dans un décret du 1er mars 1852, qui porte qu'à l'avenir les fonctions de juge d'instruction pourront être conférées aux juges suppléants près les tribunaux de première instance.

Quelles sont les raisons d'une résolution législative aussi grave? Sur quels motifs peut-elle s'appuyer? Depuis près d'un demi-siècle, l'instruction des affaires criminelles était le privilége exclusif de la magistrature inamovible; elle a dû le partager avec un magistrat révocable. Pour ne pas courir le risque d'affaiblir, en les indiquant sommairement, les causes déterminantes du décret du

1er mars, tous les considérants seront cités textuellement :

« Vu l'article 55 du Code d'instruction crimi-
« nelle ;

« Considérant que la disposition de cet article,
« qui prescrit de choisir le juge d'instruction
« parmi les juges du tribunal civil, excite depuis
« longtemps de vives réclamations ; — qu'il se
« rencontre trop souvent que, sur un personnel
« aussi réduit que celui des tribunaux de première
« instance, les fonctions de juge d'instruction sont
« nécessairement confiées à des magistrats qui ne
« réunissent pas toutes les qualités spéciales pour
« une mission si délicate par sa nature, si impor-
« tante par son objet, et dont l'accomplissement
« réclame un dévouement éprouvé ;

« Considérant qu'à ces qualités morales un juge
« d'instruction doit ajouter des conditions d'acti-
« vité physique, indispensables surtout dans les
« pays d'un accès difficile ou dans les arrondisse-
« ments très-étendus ;

« Considérant qu'en conférant les fonctions de

« juge d'instruction, suivant la nécessité du ser-
« vice, soit à un juge titulaire, soit à l'un des juges
« suppléants au même tribunal, le concours s'éta-
« blira sur un plus grand nombre, et les magistrats
« appelés à remplir ces fonctions offriront à un
« plus haut degré les garanties que réclame une
« bonne administration de la justice. »

Tels sont les motifs dont l'exposé précède l'article premier du décret.

Ce texte restait isolé ; il a paru préférable de le
faire entrer dans le Code ancien des lois, et de
l'incorporer à l'un des articles réglant le droit criminel général.

En conséquence, lorsque, dans la session de 1856,
un projet de loi fut présenté aux Chambres législatives afin d'arriver à la modification de diverses
parties du Code d'instruction criminelle, le nouveau principe fut consacré par l'une des dispositions du projet. On y lisait qu'à l'avenir la première phrase de l'article 56 de ce Code serait
rédigée comme il suit :

« Les juges d'instruction seront pris, soit parmi

« les juges titulaires, soit parmi les juges sup-
« pléants. »

C'était mettre sur le même rang les juges titulaires et les juges suppléants. Ils devenaient aux
yeux de la loi des magistrats égaux.

Comment cette partie du projet a-t-elle été accueillie? Le Corps législatif en a critiqué la rédaction. Elle lui a paru donner trop d'importance aux
juges suppléants, et rejeter sur un plan inférieur
le juge titulaire, ce magistrat revêtu d'un caractère solennel par le droit qu'il a d'être inamovible.

La Commission chargée d'examiner le projet de
loi, de le discuter, s'est rendue l'interprète du
Corps législatif, en rejetant un texte qu'elle trouvait dangereux.

C'est ce qui ressort nettement des paroles du
député au Corps législatif, rapporteur de la loi.

Dans le rapport fait au nom de la Commission,
M. Nogent Saint-Laurens s'exprime ainsi :

« Il a paru à votre Commission que cette rédac-
« tion laisait flotter arbitrairement le choix du
« juge d'instruction entre les titulaires et les sup-

« pléants. Cela lui a paru dangereux, car, dans
« une loi qui augmente les pouvoirs du juge d'in-
« struction, il faut déclarer que ces pouvoirs,
« hors les cas de force majeure, seront toujours
« remis entre des mains sûres et éprouvées. L'im-
« portance des fonctions des juges d'instruction
« n'est peut-être pas assez signalée et connue.
« Leur pouvoir est immense; d'un trait de plume
« ils arrachent un homme à sa famille, à ses
« affaires; ils ordonnent sa détention, ils décrètent
« la mesure terrible du secret; ils gardent cet
« homme plusieurs mois en prison, selon les né-
« cessités de l'instruction. Ces fonctions com-
« mandent le sentiment élevé des garanties sociales,
« mais aussi cette inspiration de la raison, ce
« mouvement du cœur qui indique et détermine
« la limite où la rigueur doit s'arrêter. Dans ces
« matières si graves, si difficiles, l'inexpérience
« ou le zèle inconsidéré pourrait faire un mal in-
« calculable; l'expérience et la sagacité peuvent
« faire un bien immense. Nous le répétons, il faut
« des mains sûres et éprouvées pour manier hono-

« rablement cette arme utile, mais dangereuse, de
« la loi, qu'on appelle l'instruction. Sous l'influence
« salutaire de ces considérations, votre Commission
« a désiré une rédaction qui mît en relief cette
« idée, que la suppléance en matière d'instruction
« ne serait qu'une mesure forcée et exceptionnelle. »

Ce qui frappe dans ce passage, c'est la précaution prise par M. le rapporteur de faire bien voir
tout ce qui pourrait résulter d'un choix mauvais
lorsqu'il s'agit de la nomination d'un juge d'instruction. Les termes sont formels : « il faut que
« les pouvoirs de l'instruction soient remis à des
« mains sûres et éprouvées. » Cette idée se trouve
deux fois reproduite. M. le rapporteur montre
le juge d'instruction décrétant d'un trait de plume
la mesure terrible du secret, prolongeant une détention pendant plusieurs mois. Il ne craint pas
de dire hautement que l'instruction est une arme
utile, mais dangereuse. Lui, un avocat expéri-
menté, il sait bien ce qu'elle est. Certes, il est
impossible de mieux signaler le danger; il est
difficile de mieux avertir. On serait tenté de croire

que le rapport ne se contente pas de critiquer la rédaction proposée, mais que, de plus, il n'approuve pas pleinement le principe nouveau.

Ces apparences trompent; les répugnances ne sont pas allées aussi loin, puisque la commission a demandé simplement que le projet du nouvel article 56 fût rédigé autrement. Ce vœu a été exaucé; la première phrase de l'article a été divisée en deux propositions.

« Les juges d'instruction seront pris parmi les « juges titulaires; ils pourront aussi être pris parmi « les juges suppléants. »

Telle est aujourd'hui la loi.

LXI.

Le rapport de M. Nogent-Saint-Laurens contient une phrase que nous avons intérêt à faire remarquer : c'est celle où il est dit « que l'impor- « tance des fonctions des juges d'instruction n'est « peut-être pas assez signalée et connue. » Ces mots légitiment en quelque sorte la publication de tout livre qui essaiera de faire mieux connaître l'importance de ces fonctions.

Si les pouvoirs du juge d'instruction ne sont pas mieux connus, c'est que les textes qui les déterminent, loin de former un ensemble bien compacte, sont quelque peu séparés dans le Code d'instruction criminelle. Un certain travail de recherche est indispensable pour mettre la main sur tous ces articles. Une personne qui n'a pas l'habitude d'étudier le droit trouverait véritablement la plus grande difficulté, malgré tout son bon vouloir, pour se faire, en lisant le Code, une idée bien juste des droits du juge d'instruction. Dans notre chapitre II, nous essayons, sans aucune prétention, de réunir et de signaler à tout le monde les textes des Codes criminels qui servent de base à ces droits.

LXII.

LE PROCUREUR IMPÉRIAL.

Entre tous les fonctionnaires amovibles, ceux

exerçant les fonctions du ministère public occupent, dans l'administration générale de l'Etat, un des rangs les plus nobles et les plus élevés.

Concourir au maintien de l'organisation sociale, en veillant à ce que les lois soient respectées et obéies, en poursuivant les crimes et les délits au nom de l'intérêt public ; donner une vie réelle aux droits des individus en assurant l'entière exécution des jugements ; défendre tous les biens menacés ; tendre une main puissante à toutes les plaintes justes ; soutenir à la fois, comme un protecteur dont les forces sont infinies, les intérêts de l'administration, ceux de l'ordre social, et ceux des simples particuliers ; quelle mission admirable !

Comment la protection que le procureur impérial doit à la société a-t-elle été combinée avec les droits de l'indépendance civile ? En d'autres termes, quels sont les droits du procureur impérial sur la liberté des individus ?

LXIII.

Comme ce magistrat est tenu de veiller à l'exécution des lois, il est chargé de toutes les mesures
qui peuvent concourir à ce résultat; à ce titre,
nous trouvons le procureur impérial obligé de
pourvoir à l'exécution des ordonnances rendues
par le juge d'instruction.

Article 28 du Code d'instruction criminelle :
« Ils (*les procureurs impériaux*) pourvoiront à
« l'envoi, à la notification et à l'exécution des or-
« donnances qui seront rendues par le juge d'in-
« struction...... »

Si donc le juge d'instruction a ordonné qu'un
inculpé serait amené par-devant lui ou bien serait
emprisonné, c'est le procureur impérial qui est
chargé de tenir la main à ce que l'individu désigné
soit saisi et conduit devant le juge ou bien dans la
maison d'arrêt.

LXIV.

Ce n'est là qu'un secours prêté à l'accomplissement d'un ordre venant d'un autre magistrat. En
dehors des dispositions de l'article 28, le procureur
impérial a-t-il lui aussi, indépendamment de toute
ordonnance préalable émanant de quelqu'autre, le
droit de prescrire, directement et en son nom seul,
l'arrestation d'un individu?

Dans le cours ordinaire des choses, non. En
thèse générale, le procureur impérial ne peut pas
ordonner qu'un individu soit arrêté; tout son pouvoir se borne à requérir le juge d'instruction d'ordonner qu'une information soit ouverte sur telle
ou telle affaire. Le droit principal du procureur
impérial est de formuler des réquisitions qu'il
adresse au juge d'instruction et dans lesquelles il
demande soit une mesure utile, soit une autre.
Ainsi le dit l'article 47 du Code d'instruction criminelle qui, tout en renfermant les droits usuels
des procureurs impériaux, est cependant rejeté à

la fin du chapitre **IV**. La règle générale est mise
au dernier plan.

Article **47** : « Hors les cas énoncés dans les ar-
« ticles **32** » (*cas de flagrant délit, si le fait est de
nature à entraîner une peine afflictive ou infamante.*) « et **46** » (*réquisition d'un chef de maison*),
« le procureur impérial, instruit, soit par une dé-
« nonciation, soit par toute autre voie, qu'il a été
« commis dans son arrondissement un crime ou un
« délit, ou qu'une personne qui en est prévenue se
« trouve dans son arrondissement, sera tenu de
« requérir le juge d'instruction, d'ordonner qu'il
« en soit informé, même de se transporter, s'il est
« besoin, sur les lieux, à l'effet d'y dresser tous les
« procès-verbaux nécessaires, ainsi qu'il sera dit
« au chapitre des juges d'instruction. »

Telles sont les attributions ordinaires du procureur impérial, en cette matière.

LXV.

Ces attributions changent totalement de nature
et d'étendue dans les deux cas indiqués comme
des exceptions par l'article **47** ci-dessus reproduit.

Voyons l'une après l'autre ces deux exceptions.

LXVI.

La première comprend certains cas de flagrant délit, c'est-à-dire ceux où le fait est de nature à entraîner une peine afflictive ou infamante : dans les affaires de cette sorte, les pouvoirs du procureur impérial s'augmentent considérablement. Il prend quelques-uns des droits du juge d'instruction. La loi permet qu'en même temps il accuse, et qu'en même temps il fasse l'instruction ; ce qui est un droit énorme. La division ordinaire des pouvoirs disparaît devant la nécessité ; mais notons tout spécialement que cet accroissement de droits ne se produit que si le délit est flagrant et aussi revêtu des caractères de gravité spécifiés ; autrement, le procureur impérial reste dans les limites ordinaires de ses attributions.

Dès qu'il est informé d'un délit flagrant et pouvant entraîner une peine afflictive ou infamante, l'officier du ministère public doit agir de suite et par lui-même, en s'abstenant de toutes les formalités habituelles qui pourraient occasionner un retard nuisible; il a le droit de se transporter sur les lieux, sans aucun retard, de dresser tous procès-verbaux, de recevoir les témoignages; il est bien tenu, il est vrai, d'avertir le juge d'instruction de son transport; mais il peut se dispenser d'attendre ce magistrat pour accomplir les mesures d'instruction qui lui paraissent nécessaires.

Le principe général c'est que le procureur impérial et le juge d'instruction agissent de concert, et que le second ne procède que sur les réquisitions du premier. Mais nous avons déjà vu ce principe fléchir, à propos du juge d'instruction, dans l'article 59 qui déroge aux articles 61, 62, 70; de même nous le voyons, bien qu'il soit reproduit dans l'article 47 à propos du procureur impérial, fléchir encore dans les articles 32 et suivants. La loi l'a permis, parce que l'urgence des faits l'a voulu.

Article 32. « Dans tous les cas de flagrant délit, « lorsque le fait sera de nature à entraîner une « peine afflictive ou infamante, le procureur im- « périal se transportera sur le lieu, sans aucun

« retard, pour y dresser les procès-verbaux né-
« cessaires à l'effet de constater le corps du délit,
« son état, l'état des lieux, et pour recevoir les
« déclarations des personnes qui auraient des ren-
« seignements à donner.

« Le procureur impérial donnera avis de son
« transport au juge d'instruction, sans être toute-
« fois tenu de l'attendre pour procéder, ainsi
« qu'il est dit au présent chapitre. »

Article 33. « Le procureur impérial pourra
« aussi, dans le cas de l'article précédent, appeler
« à son procès-verbal les parents, voisins ou do-
« mestiques, présumés en état de donner des
« éclaircissements sur le fait; il recevra leurs dé-
« clarations, qu'ils signeront : les déclarations
« reçues en conséquence du présent article et de
« l'article précédent seront signées par les parties,
« ou, en cas de refus, il en sera fait mention. »

Ce dernier article nous amène directement à ce
qui regarde les droits du procureur impérial sur
les personnes. Ces droits sont de plusieurs sortes :

L'article 33 parle des voisins, des parents que

le procureur impérial peut appeler à son procès-
verbal ; mais il n'est point spécifié de pénalité pour
le cas où ces personnes ne se rendraient pas volon-
tairement à l'appel qui leur est fait ; il est permis
de penser qu'elles ne sont pas forcément tenues
d'obéir.

LXVII.

Il en est autrement dans le cas prévu par l'article 34. Ce texte confère au procureur impérial
un droit véritable sur la liberté de certains individus.

Article 34. « Il (*le procureur impérial*) pourra
« défendre que qui que ce soit sorte de la maison,
« ou s'éloigne du lieu, jusqu'après la clôture de
« son procès-verbal.

« Tout contrevenant à cette défense sera, s'il
« peut être saisi, déposé dans la maison d'arrêt :
« la peine encourue pour la contravention sera
« prononcée par le juge d'instruction, sur les con-

« clusions du procureur impérial, après que le
« contrevenant aura été cité et entendu, ou par
« défaut s'il ne comparait pas, sans autre formalité
« ni délai, et sans opposition ni appel.

« La peine ne pourra excéder dix jours d'em-
« prisonnement et cent francs d'amende. »

Ne parlons pas de la condamnation que le juge
d'instruction peut prononcer, ce point est en dehors
de notre sujet. Nous n'avons à voir que les restrictions apportées à la liberté des individus en l'absence de tout jugement, de quelque nature que
soit ce jugement.

Il nous appartient seulement de faire observer
que le procureur impérial est le maître, aux
termes de la loi, de garder sous sa main toutes les
personnes de la maison où il fait une instruction,
ou bien qui se trouvent sur le lieu où il dresse son
procès-verbal. Les raisons de ce droit sont sen-
sibles ; la loi craint qu'une pièce de conviction ne
soit soustraite, détournée, portée au loin, ou bien
qu'un avertissement ne soit donné au coupable, ou
bien que quelqu'intéressé ne s'empresse d'aller

effacer des traces compromettantes, et aussi que
le coupable lui-même, qui est peut-être en face du
magistrat, ne songe à s'enfuir. Cette disposition de
la loi est importante à cause de son étendue. Dix,
vingt personnes, ou même davantage, devront
renoncer à l'exercice momentané de leur liberté
sur l'ordre unique du procureur impérial.

Le procureur impérial a reçu de la loi une
sanction de son droit ; il peut faire saisir et conduire
à la maison d'arrêt, en décernant un mandat de
dépôt, quiconque cherche à s'éloigner malgré son
ordre.

LXVIII.

Les dispositions de l'article 34 ne regardent pas
spécialement la personne du prévenu ; les droits
que le procureur impérial a sur lui sont déterminés
par l'article 40.

« Le procureur impérial, audit cas de flagrant
« délit, et lorsque le fait sera de nature à entraîner

« peine afflictive ou infamante, fera saisir les pré-
« venus présents contre lesquels il existerait des
« indices graves.

« Si le prévenu n'est pas présent, le procureur
« impérial rendra une ordonnance à l'effet de le
« faire comparaître; cette ordonnance s'appelle
« mandat d'amener.

« La dénonciation seule ne constitue pas une pré-
« somption suffisante pour décerner cette ordon-
« nance contre un individu ayant domicile.

« Le procureur impérial interrogera sur-le-
« champ le prévenu amené devant lui. »

Nous ne pouvons nous empêcher de faire une
remarque sur les premières lignes de cet article.
Dans tous les textes que nous avons cités sur le
sujet qui nous occupe actuellement, il s'agit de dispositions n'ayant effet que dans le cas de flagrant
délit, et lorsque le fait peut entraîner peine afflictive
ou infamante. C'est une explication que la loi nous
a déjà donnée, nous la connaissons parfaitement;
l'article 32 le dit textuellement; c'est chose con-
venue. Eh bien! cependant, par un scrupule ad-

mirable, et comme si les législateurs craignaient qu'un commentaire mal inspiré ne parvînt à fausser l'expression de leur volonté, ils répètent, dans l'article 40, les mêmes termes; voulant que cette redite écarte l'oubli ou toute interprétation funeste qui autoriserait, malgré eux, quelque entreprise contre la liberté civile.

C'est le procureur impérial qui décidera s'il existe des indices graves soit contre un individu, soit au sujet des circonstances aggravantes. On ne peut pas exiger que cette décision soit ratifiée par le jugement à intervenir. Que les circonstances aggravantes soient écartées par ce jugement, que l'individu arrêté soit même acquitté, la résolution prise par le procureur impérial n'en reste pas moins à l'abri de tout reproche, puisque ce magistrat a suivi les inspirations de sa conscience.

Le mandat d'amener est le seul mandat coërcitif que l'article 40 permette au procureur impérial de décerner contre l'individu qu'il recherche. Ne l'oublions pas.

Nous avons vu, en parlant de l'article 91, un

privilége établi par la loi en faveur des personnes ayant domicile. Cette classe de gens a droit à des égards déterminés. Les magistrats sont tenus à une réserve particulière vis-à-vis des individus domiciliés. L'article 40 stipule à leur profit une nouvelle prérogative, quand il dit que la dénonciation seule ne constitue pas une présomption suffisante pour décerner le mandat d'amener contre un individu ayant domicile.

Dans le chapitre III, nous aurons occasion de parler tout spécialement du domicile, cette cause première d'un lien étroit qui rattache l'homme à un coin de ce monde.

LXIX.

Dès que le procureur impérial a terminé les me-sures urgentes d'instruction que la loi spécifie, son premier devoir est de se dessaisir de toutes les pièces du procès et de les remettre au juge d'in-struction qui continue d'instruire l'affaire conformément au système ordinaire. Le prévenu reste en état d'arrestation. Ainsi le veut l'article 45 :

« Le procureur impérial transmettra sans délai
« au juge d'instruction les procès-verbaux, actes,
« pièces et instruments dressés ou saisis en consé-
« quence des articles précédents, pour être pro-
« cédé ainsi qu'il sera dit au chapitre des juges
« d'instruction ; et cependant le prévenu restera
« sous la main de la justice en état de mandat
« d'amener. »

LXX.

On voit, par les derniers mots de cet article 45, que le mandat d'amener n'a pas seulement pour objet de faire conduire de vive force par-devant le magistrat un individu inculpé ; ce mandat a encore pour effet, tout comme un mandat de dépôt, de faire rester quelque temps entre les mains de la justice l'individu arrêté provisoirement. C'est ce que dit la fin de l'article 45 ; c'est ce qu'indique aussi l'article 93.

« Dans le cas de mandat de comparution, il (*le*
« *juge d'instruction*) interrogera de suite ; dans le
« cas de mandat d'amener, dans les vingt-quatre
« heures au plus tard. »

Nous ferons observer que l'article 609 du Code
d'instruction criminelle défend à tout gardien de
maisons d'arrêt, de maisons de justice et de prisons, sous peine d'être poursuivi et puni comme
coupable de détention arbitraire, de recevoir ni de
retenir aucune personne, si ce n'est en vertu de
certains actes judiciaires parmi lesquels n'est pas
compris le mandat d'amener.

LXXI.

Nous arrivons à la seconde des exceptions indiquées dans l'article 47, c'est-à-dire à la réquisition
d'un chef de maison, à propos d'un fait commis
dans l'intérieur de cette maison.

Dans ce cas, le procureur impérial voit ses pouvoirs s'agrandir sous deux rapports ; il est bien

vrai que les actes d'instruction que la loi lui permet de faire restent les mêmes que ceux indiqués dans les articles 32 et suivants; il est bien vrai qu'il ne pourra décerner encore ici que le mandat d'amener contre l'individu qu'il recherche, mais les différences apparaissent quand on examine en eux-mêmes les faits criminels dont il pourra faire l'instruction.

Ainsi, pour que le procureur impérial puisse se transporter seul sur les lieux, dresser des procès-verbaux, interroger, décerner le mandat d'amener, il ne sera plus nécessaire que le fait soit de nature à entraîner peine afflictive ou infamante : sur la réquisition d'un chef de maison, le procureur impérial pourra faire les actes d'instruction que nous venons de dire, quand bien même le fait incriminé serait un simple délit, et aussi quand bien même ce délit ne serait pas flagrant. C'est jusque-là que la réquisition d'un chef de maison augmente les droits du procureur impérial. La volonté du chef de famille, du chef de maison lève tout obstacle; il n'y a plus lieu à tant de réserve, puisque celui

au profit de qui la loi stipule des restrictions demande que ces restrictions soient supprimées;
Volenti non fit injuria.

ART. 46. « Les attributions faites ci-dessus au
« procureur impérial pour les cas de flagrant délit
« auront lieu aussi toutes les fois que, s'agissant
« d'un crime ou délit, même non flagrant, commis
« dans l'intérieur d'une maison, le chef de cette
« maison requerra le procureur impérial de le
« constater. »

Ce texte n'exige point d'urgence ni de gravité.

En résumé, par tout ce que nous venons de
dire, on voit que les exceptions apportées par les
articles 32 et 46 à la règle générale contenue dans
l'article 47, créent des pouvoirs considérables. Le
procureur impérial réunit à ses droits, pendant
quelques instants, plusieurs des droits du juge
d'instruction. Il accuse, et en même temps il juge
si l'accusation est assez fondée pour déterminer
l'arrestation d'un individu.

— Pour le procureur impérial, tout comme nous
avons fait pour le juge d'instruction, nous ren-

voyons au paragraphe LXXX tout ce qui regarde les visites domiciliaires et perquisitions.

LXXII.

LE JUGE DE PAIX.

Les juges de paix, institués par la loi du 24 août 1790, n'avaient reçu de cette loi que des attributions de conciliateur et de juge. La loi du 16 septembre 1791 les a créés officiers de police judiciaire. Le Code d'instruction criminelle, par son article 9, leur a conservé ce droit, et de plus, par son article 48, il les a rangés au nombre des officiers auxiliaires du procureur impérial.

Un juge de paix a-t-il le droit, aujourd'hui, de décréter l'arrestation d'un individu?

On aurait tort de chercher dans les lois antérieures au Code d'instruction criminelle les pouvoirs de ce magistrat. Il en a eu d'énormes à certaine époque. Aux termes des articles 57, 69 et 70 du Code du 3 brumaire an IV, le juge de paix pouvait décerner les mandats d'amener, les mandats de comparution et les mandats d'arrêt. Il était chargé, par l'article 48 du Code de brumaire, de distinguer les hommes justement prévenus de ceux faussement inculpés; et c'est lui qui décidait provisoirement, aux termes des articles 66 et 67 du même Code, si les prévenus devaient être mis en liberté. S'il croyait le prévenu coupable, il déterminait la juridiction par-devant laquelle le renvoi devait être ordonné. (69, 70 déjà cités.)

Ce pouvoir si étendu reçut une première restriction de la loi du 7 pluviôse an ix. Le juge de paix ne garda plus que le droit de faire saisir les prévenus en cas de flagrant délit, et sur la clameur publique. C'est l'article 4 qui le décide d'une manière générale. Néanmoins, l'article 5 de cette même loi du 7 pluviôse an ix autorise le juge de paix, quand un délit emportant peine afflictive aura été commis et quand il y aura des indices suffisants de culpabilité, à faire arrêter les prévenus.

Les droits du juge de paix au criminel sont contenus aujourd'hui dans les articles 54 et 49 du Code d'instruction criminelle.

« Art. 54. Dans les cas de dénonciation de crimes
« ou délits autres que ceux qu'ils sont directement
« chargés de constater, les officiers de police ju-
« diciaire transmettront aussi sans délai au procu-
« reur impérial les dénonciations qui leur auront
« été faites; et le procureur impérial les remettra
« au juge d'instruction avec son réquisitoire. »

Ce texte s'applique à tous les officiers de police judiciaire, et, par conséquent, au juge de paix. Il fixe le droit commun.

Il est des crimes et des délits que le juge de paix est directement chargé de constater; les droits de ce magistrat s'accroissent ainsi dans certains cas déterminés. Quels sont ces divers cas, et quelle est l'étendue de cet accroissement?

L'article 49 du Code d'instruction criminelle résout ces deux questions pour les juges de paix comme pour les officiers de gendarmerie.

« Dans le cas de flagrant délit, ou dans le cas de
« réquisition de la part d'un chef de maison, ils

« dresseront les procès-verbaux, recevront les dé-
« clarations des témoins, feront les visites et les
« autres actes qui sont, auxdits cas, de la compé-
« tence des procureurs impériaux, le tout dans les
« formes et suivant les règles établies au chapitre
« des procureurs impériaux. »

Ainsi, les droits conférés aux juges de paix par
cet article sont les mêmes droits que ceux exercés
par le procureur impérial en vertu des articles auxquels la loi renvoie.

LXXIII.

LE MAIRE.

Le maire, tout comme le juge de paix, est officier de police judiciaire aux termes de l'article 9
du Code d'instruction criminelle, et en même temps
officier de police auxiliaire du procureur impérial,
aux termes de l'article 50 de ce Code.

Dans les cas indiqués par l'article 50, il exerce

les mêmes droits que le procureur impérial et que
le juge de paix exercent dans les mêmes cas, sauf à
lui à observer les règles déterminées.

Art. 50. « Les maires, adjoints de maire...,
« recevront également les dénonciations et feront
« les actes énoncés en l'article précédent, en se
« conformant aux mêmes règles. »

Ce texte renvoie à l'article 49 que nous avons
reproduit ci-dessus.

Le maire a le droit de faire arrêter les mendiants et les vagabonds, aux termes de la loi des
19-22 juillet 1791 , article 22 , et de la loi du
10 vendémiaire an IV, titre III, article 6.

LXXIV.

COMMISSAIRE DE POLICE.

Les commissaires de police sont officiers de police judiciaire, aux termes de l'article 9 du Code
d'instruction criminelle, et officiers de police auxiliaires du procureur impérial, aux termes de l'ar-

ticle 50 de ce Code. Cet article détermine les droits que ce Code leur confère sur la liberté des individus :

« Les maires, adjoints de maire et les commis-
« saires de police, recevront également les dénon-
« ciations et feront les actes énoncés en l'article
« précédent, en se conformant aux mêmes
« règles. »

Cet article, que nous donnons ici tout entier, confère aux commissaires de police les mêmes attributions qu'aux maires et adjoints, pour les cas qu'il spécifie.

— La ville de Paris est régie par un système spécial de lois de police.

LXXV.

LE GARDE CHAMPÉTRE,

Le garde champêtre est officier de police judi-ciaire, aux termes de l'article 9 du Code d'instruc-tion criminelle. Ses droits sur la personne des individus sont déterminés par le paragraphe 4 de l'article 16 de ce Code.

En interprétant strictement, comme cela doit être, les termes de la loi criminelle, on trouve, chose vraiment singulière, que le garde champêtre exerce sur la liberté des individus un droit plus étendu que celui conféré par l'article 40 au procureur impérial lui-même.

Rappelons ce que dit l'article 40 : Le procureur impérial ne pourra décerner de mandat d'amener contre un inculpé que dans le cas de flagrant délit, et si, en même temps, le fait est de nature à entraîner peine afflictive ou infamante. Les droits de ce magistrat sont donc étroitement limités.

Le garde champêtre tient du paragraphe 4 de l'article 16 du même Code un droit plus étendu ; il peut arrêter tout individu surpris en flagrant délit, quand bien même le fait n'emporterait pas peine afflictive ou infamante.

Art. 16, § 4 : « Ils (*les gardes champêtres*) « arrêteront et conduiront devant le juge de paix « ou devant le maire tout individu qu'ils auront « surpris en flagrant délit ou qui sera dénoncé par « la clameur publique, lorsque ce délit emportera

« la peine d'emprisonnement ou une peine plus
« grave. »

On le voit, un délit puni de simples peines correctionnelles les autorise à mettre la main sur un
malfaiteur.

L'article 25 de la loi du 3 mai 1844 sur la police de la chasse donne le droit de conduire devant le maire ou le juge de paix les individus qu'il
spécifie sous le nom de délinquants, s'ils sont dé-
guisés ou masqués, s'ils refusent de faire connaître
leur nom ou s'ils n'ont pas de domicile connu.

LXXVI.

GENDARMERIE.

Les principaux actes législatifs qui ont réglé
l'organisation et le service de la gendarmerie sont
la loi du 28 germinal an VI, l'ordonnance du 29 octobre 1820, et enfin le décret du 1er mars 1854.

C'est dans ce dernier décret que nous chercherons les dispositions se rattachant aux droits de la

gendarmerie sur les individus, puisque c'est ce décret qui forme aujourd'hui la base des attributions les plus importantes de cette force publique. Il abroge par son article 644 toutes les dispositions contraires à ses propres prescriptions. Aussi c'est un Code véritable, réglementant et prévoyant toutes choses ; même il contient, en même temps que des ordres, un véritable exposé de droit criminel pratique, souvent très-utile à consulter. On peut lire en ce sens les articles 241, 243, 244, 249, etc.

Avant d'aborder les textes de ce décret, qui rentrent dans notre sujet, nous devons indiquer que les officiers de gendarmerie sont investis, par le Code d'instruction criminelle, de droits particuliers qui n'appartiennent, à aucun titre, aux sous-officiers et militaires de la même arme.

LXXVII.

Les officiers de gendarmerie sont officiers de police judiciaire, aux termes de l'article 9, que nous avons si souvent mentionné, et, en même temps, officiers de police auxiliaires du procureur impérial, aux termes de l'article 48. Leurs droits, pour ce qui tient à l'instruction de certaines affaires criminelles dans des cas déterminés, sont renfermés dans l'article 49, que nous avons donné textuellement dans le paragraphe **LXXII**. Disons en quelques mots que, s'il s'agit de flagrant délit lorsque le fait est de nature à entraîner peine afflictive ou infamante, s'il s'agit de procéder sur la réquisition d'un chef de maison, les officiers de gendarmerie feront tous les actes qui sont, auxdits cas, de la compétence du procureur impérial, suivant les formes et les règles déterminées.

LXXVIII.

Venons aux sous-officiers et militaires de la gendarmerie.

Leurs attributions sont de deux sortes et nettement tranchées : ou bien ils exécutent des ordres reçus, ou bien ils agissent d'eux-mêmes et en vertu de leur propre droit. Nous n'avons pas à parler ici des ordres d'arrestation émanant des magistrats; on trouve, dans d'autres paragraphes de ce chapitre, qui peut donner ces ordres et dans quels cas, suivant quelles formes ces ordres peuvent être donnés.

Il s'agit en ce moment d'étudier les droits directement concédés aux militaires de la gendarmerie sur la personne des individus. Ces agents de la force publique ont le droit de procéder, de leur propre initiative, à une arrestation dans des cas nombreux. Ces cas sont spécifiés par le décret du 1er mars 1854, dans une série d'articles dont nous allons indiquer les prescriptions.

Il va de soi que les sous-officiers, brigadiers et gendarmes ont le droit d'arrêter les individus surpris en flagrant délit, lorsque le fait est de nature à entraîner peine afflictive ou infamante. (Art. 276, 281, 284.)

Ils se mettent à la poursuite des repris de justice qui ont quitté, sans autorisation, la résidence qui

leur est assignée, et, s'ils les arrêtent, ils les conduisent devant l'autorité compétente (286) ;

Ils s'assurent de la personne des étrangers et de
tout individu circulant dans l'intérieur de la
France sans passe-ports, ou avec des passe-ports
qui ne sont pas conformes aux lois, à la charge de
les conduire sur-le-champ devant le maire ou l'adjoint de la commune la plus voisine (287) ;

Ils saisissent tous ceux qui s'opposent, par la
violence, à la libre circulation des subsistan-
ces (295) ;

Ils arrêtent ceux qui s'opposent à l'exécution
d'une loi, d'une contrainte, d'un jugement (296,
299) ;

Ils saisissent tous ceux qui portent atteinte à la
tranquillité publique, en troublant les citoyens dans
l'exercice de leur culte, ainsi que ceux qui sont
trouvés exerçant des violences ou des voies de fait
contre les personnes (300) ;

Ils arrêtent immédiatement tout individu qui
outrage les militaires de la gendarmerie dans l'exercice de leurs fonctions, ou qui leur fait la déclara-

tion mensongère d'un délit qui n'a pas été commis, et le conduisent devant l'officier de police de l'arrondissement (301);

Ils arrêtent et conduisent, devant l'autorité compétente, les contrebandiers et autres délinquants de ce genre (302);

Ils arrêtent tous ceux qui sont surpris coupant ou dégradant, d'une manière quelconque, les arbres plantés sur les chemins, promenades publiques, fortifications et ouvrages extérieurs des places, ou détériorant les monuments qui s'y trouvent. Ils saisissent et conduisent immédiatement, devant l'officier de police de l'arrondissement, quiconque est surpris détruisant ou déplaçant les rails d'un chemin de fer, ou déposant sur la voie des matériaux ou autres objets, dans le but d'entraver la circulation, ainsi que ceux qui, par la rupture des fils, par la dégradation des appareils ou par tout autre moyen, tentent d'intercepter les communications ou la correspondance télégraphique (315);

Ils arrêtent les voituriers, charretiers et tous

conducteurs de voitures qui refusent de laisser les passages libres, et ils les conduisent devant le maire ou l'adjoint du lieu (318);

Ils arrêtent tous individus qui, par imprudence, par négligence, par la rapidité de leurs chevaux, ou de toute autre manière, ont blessé quelqu'un ou commis quelques dégâts sur les routes, dans les rues ou voies publiques (319);

Ils conduisent devant le maire de la commune la plus voisine les conducteurs d'animaux féroces qui ne suivent pas les grands chemins sans jamais s'en écarter (321);

Ils saisissent tous individus commettant des dégâts dans les champs et les bois, dégradant la clôture des murs, haies ou fossés, lors même que ces délits ne seraient pas accompagnés de vols; ils saisissent pareillement tous ceux qui sont surpris commettant des larcins de fruits ou d'autres productions d'un terrain cultivé (322);

Ils arrêtent les chasseurs qui font résistance, qui leur adressent des menaces, refusent de se faire connaître, ceux qui donnent de faux noms, et enfin tous ceux qui sont masqués ou qui chassent pendant la nuit. (329.) Nous renvoyons, à ce sujet, à l'article 25 de la loi du 3 mai 1844, sur la police de la chasse.

Ils saisissent ceux qui tiennent, dans les grands rassemblements d'hommes, tels que foires, marchés, fêtes et cérémonies publiques, des jeux de hasard et autres jeux défendus par les lois et règlements de police (332);

Ils arrêtent ceux qui ne sont pas connus de l'autorité locale et qui ne sont porteurs d'aucun papier constatant leur identité, mais surtout les mendiants valides, dans certains cas déterminés par l'article 333.

On voit, par ces citations, que les droits des militaires de la gendarmerie, sur la liberté des individus, sont énormes, et, en général, très-peu connus. Un des caractères particuliers de ces droits, et qu'il est intéressant de saisir, c'est qu'il est impossible de placer sous une règle générale tous les cas où l'arrestation d'un individu est autorisée par le décret du 1er mars 1854. On ne peut pas signaler des principes juridiques servant à classer, d'une manière absolue, tous les faits qui exposent un délinquant à être arrêté. Dans un cas spécial, l'arrestation est permise; dans un autre, qui n'est pas moins grave, elle ne l'est pas, et cependant, dans ces deux cas, les caractères criminels des deux faits sont les mêmes au point de vue des théories pénales. Un principe général ne peut donc pas se poser pour déterminer l'étendue des droits de la gendarmerie. Tout ce qu'il est permis de faire, c'est de prendre la loi à la main et de dire : ici, l'arrestation est permise; là elle ne l'est pas; la loi veut qu'il en soit ainsi.

LXXIX.

TOUTE PERSONNE.

Jusqu'à présent, nous n'avons trouvé le droit d'arrestation qu'entre les mains de fonctionnaires ou d'agents de la force publique institués, au nom de l'État, pour veiller au salut de l'organisation sociale et au maintien de l'ordre. Les législateurs ont pensé qu'il convenait d'étendre encore plus ce droit solennel. Ils ont appelé à l'exercer, dans certains cas spéciaux, toutes les personnes intéressées à la répression des méfaits, c'est-à-dire tout le monde. C'est conférer à chacun des membres de l'association civile et politique le droit de défendre l'intérêt général.

Voici comment est conçu l'article 106 du Code d'instruction criminelle :

« Tout dépositaire de la force publique, et
« même toute personne, sera tenue de saisir le
« prévenu surpris en flagrant délit, ou poursuivi,
« soit par la clameur publique, soit dans les cas
« assimilés au flagrant délit, et de le conduire de-
« vant le procureur impérial, sans qu'il soit be-
« soin de mandat d'amener, si le crime ou délit
« emporte peine afflictive ou infamante. »

Ce texte ne renferme pas seulement une autorisation, c'est un ordre.

LXXX.

VISITES DOMICILIAIRES.

Le domicile est le premier refuge de l'homme; mais il ne doit pas servir à garantir l'impunité, et dégénérer en un de ces lieux d'asile où les criminels d'autrefois trouvaient un abri contre les poursuites de la justice.

Le principe général, sur le respect dû au domicile, est indiqué dans l'article 9 du titre IV de la Constitution des 3-14 septembre 1791, et consacré en termes exprès par l'article 76 de la Constitution du 22 frimaire an VIII, qui commence ainsi :

« La maison de toute personne habitant le territoire français est un asile inviolable. »

Cependant un malfaiteur ne doit pas pouvoir trouver, d'une manière indirecte, le droit d'enfreindre impunément toutes les lois divines et humaines, et, quand bien même il chercherait une protection dans cet asile inviolable du domicile, les représentants de la loi doivent pouvoir aller l'y saisir. L'intérêt général l'emportera sur l'intérêt et sur le droit sacré de l'individu. Mais, si cette concession est faite, — et elle doit l'être, puisqu'elle est nécessaire, — c'est à condition que les lois rendront tout abus impossible, par la prudence de leurs prescriptions et par les peines qui frapperont les plus légères illégalités.

C'est sous l'inspiration de ces idées que le droit de visite domiciliaire a été réglementé.

Remarquons qu'il sera exercé, non pas seulement pour s'assurer de la personne d'un inculpé qui veut se soustraire à toutes les recherches, mais encore pour s'assurer des pièces, instruments, papiers pouvant aider la justice dans la poursuite de la vérité.

LXXXI.

Par lesquels des fonctionnaires tenant à l'administration de la justice, et dans quels cas une visite domiciliaire pourra-t-elle être effectuée?

Le juge d'instruction peut se transporter dans le domicile du prévenu sur la réquisition du ministère public, ou même d'office, pour y faire la perquisition des papiers, effets, et généralement de tous les objets qui seront jugés utiles à la manifestation de la vérité. (Art. 87 du Code d'instruction criminelle.) — Il peut même se transporter dans les autres lieux où il présumerait qu'on aurait caché les objets susdits (88).

En principe, le juge d'instruction ne peut procéder que dans la circonscription de son arrondissement. C'est ce que montre nettement l'article 90, lorsqu'il dit que, si les papiers ou effets sont hors de cet arrondissement, le juge d'instruction doit requérir le juge d'instruction du lieu où l'on peut les trouver, de procéder aux opérations nécessaires pour les saisir. Néanmoins, l'article 464 du Code d'instruction criminelle apporte des exceptions à cette règle, que les pouvoirs sont limités par la circonscription du ressort, et il statue que les juges d'instruction pourront continuer hors de leur ressort les visites nécessaires chez les personnes

soupçonnées d'avoir fabriqué, introduit, distribué
de faux papiers impériaux, de faux billets de la
Banque de France, et dans les cas de crime de
fausse monnaie, ou de contrefaçon du sceau de
l'État.

Passons à ce qui regarde le procureur impérial
et les officiers de police auxiliaires de ce magistrat.

Le procureur impérial, le juge de paix, les officiers de gendarmerie, les maires et adjoints, les
commissaires de police, ont ici des droits égaux. Un
droit particulier est conféré cependant au juge de
paix par l'article 464 dont nous avons parlé à
l'instant; le juge de paix, aux termes de ce texte,
agira hors de son ressort, comme le juge d'instruction, et dans les cas déterminés par cette disposition de loi.

En dehors de l'article 464, les droits du procureur impérial et des officiers de police auxiliaires
de ce magistrat sont fixés par les articles 35, 36,
37, 38 et 39 du Code d'instruction criminelle.
Comme ces articles forment un ensemble complet

et très-net, nous y renvoyons simplement. Nous rappelons que les juges de paix et les officiers de gendarmerie tiennent leurs droits des articles 48 et 49, et que les maires et les adjoints, les commissaires de police, tiennent les leurs de l'art. 50, grâce à des indications qui renvoient successivement d'un article à l'autre.

Les gardes champêtres ont aussi le droit de faire des visites domiciliaires; mais, aux termes du paragraphe ·3 de l'article 16 du Code d'instruction criminelle, ils ne peuvent pas exercer ce droit quand ils agissent seuls. Ils ne pourront s'introduire dans les maisons, ateliers, bâtiments, cours adjacentes et enclos, qu'en présence, soit du juge de paix, soit de son suppléant, soit du commissaire de police, soit du maire du lieu, soit de son adjoint.

En parlant des officiers de police, auxiliaires du procureur impérial, nous avons indiqué les droits des officiers de gendarmerie. Disons quels sont les droits des militaires de la gendarmerie. Aux termes de l'article 292 du décret du 1er mars

1854, ils ne peuvent s'introduire dans une maison, malgré la volonté du maître, hors le cas de flagrant délit, et lorsque le fait n'est pas de nature à en-traîner peine afflictive ou infamante. (249, 250.) Mais ils peuvent y entrer pour un motif formelle-ment exprimé par une loi, ou en vertu d'un mandat spécial de perquisition décerné par l'autorité com-pétente. (291.) — Lorsqu'il y a lieu de supposer qu'un individu, déjà frappé d'un mandat d'arresta-tion ou prévenu d'un crime ou délit pour lequel il n'y aurait pas encore de mandat décerné, s'est ré-fugié dans la maison d'un particulier, la gendar-merie peut seulement garder à vue cette maison, ou l'investir, en attendant les ordres nécessaires pour y pénétrer, ou l'arrivée de l'autorité, qui a le droit d'exiger l'ouverture de la maison pour y faire l'arrestation de l'individu réfugié. (293.)

LXXXII.

La visite domiciliaire peut-elle être effectuée à tout moment?

Les paragraphes 2 et 3 de l'article 76 de la

constitution du 22 frimaire an VIII disent que nul
n'a le droit d'entrer, pendant la nuit, dans la maison d'un individu, si ce n'est en cas d'incendie,
d'inondation ou de réclamation faite de l'intérieur;
et que pendant le jour on peut y entrer pour un
objet spécial déterminé ou par une loi, ou par un
ordre émané d'une autorité publique. L'article 291
du décret du 1er mars 1854, sur l'organisation et
le service de la gendarmerie, reproduit en grande
partie les termes de l'article 76 de la constitution
de l'an VIII. Il reste à déterminer ce que c'est que
le jour, aux yeux de la loi. Les divisions du temps,
les saisons, les heures indiquées par l'article 1037
du Code de procédure civile sont reproduites dans
l'article 291 du décret du 1er mars 1854. En conséquence, depuis le 1er octobre jusqu'au 31 mars,
il fera jour légalement de six heures du matin à
six heures du soir; et depuis le 1er avril jusqu'au
30 septembre, il fera jour légalement de quatre
heures du matin à neuf heures du soir. C'est pendant la durée de ce jour ainsi défini qu'il est permis d'entrer, au nom de la loi, dans le domicile

d'un habitant. S'il fait nuit, il sera pris, jusqu'à ce
que le jour légal ait paru, des mesures pour garder à vue la maison ou l'investir. (Art. 291, 293
du décret du 1er mars.)

Nous avons vu qu'il y avait exception à la règle
générale dans les cas d'incendie, d'inondation ou
de réclamation venant de l'intérieur d'une maison.
La loi des 19-22 juillet 1791 ajoute d'autres exceptions à celles indiquées par la constitution de
l'an VIII; ainsi, cette loi porte dans son article 9
que les officiers de police pourront toujours entrer
dans les lieux où tout le monde est admis indis-
tinctement, tels que cafés, cabarets, boutiques et
autres, pour prendre connaissance des désordres
ou contraventions aux règlements. Bien que cet
article 9 ne le dise pas textuellement, il est certain
que les officiers de police ne peuvent entrer dans
les lieux ci-dessus indiqués que pendant le temps
où ils sont ouverts au public. L'article 255 du
décret du 1er mars 1854, sur l'organisation de la
gendarmerie, contient une indication formelle à
cet égard.

Au surplus, la manière dont l'article 10 de la loi des 19-22 juillet est rédigé ne pouvait guère laisser de doute ; on trouve dans ce texte les mots : *en tout temps,* qui ne sont pas dans l'article 9.

« Ils (*les officiers de police*) pourront aussi en-
« trer en tout temps où l'on donne habituellement
« à jouer des jeux de hasard, mais seulement sur
« la désignation qui leur en aurait été donnée par
« deux citoyens domiciliés.

« Ils pourront également entrer en tout temps
« dans les lieux notoirement livrés à la dé-
« bauche. »

Cet article 10 fait connaître les dernières ex-ceptions apportées aux principes généraux par la loi des 19-22 juillet 1791.

Laissons le droit intermédiaire ; voyons le Code d'instruction criminelle ; lui aussi décide que, dans un certain cas, il sera permis d'entrer, à quelque moment que ce soit, dans la maison d'un individu ; c'est l'article 616 qui le veut, et cette prescription est introduite en faveur de l'idée solennelle de l'in-dépendance civile. Que doit faire un magistrat qui est averti qu'un individu est détenu dans un lieu qui n'est pas destiné à servir de maison d'arrêt, de justice ou de prison ? Notre article répond :

« Tout juge de paix, tout officier du ministère
« public, tout juge d'instruction, est tenu d'of-
« fice, ou sur l'avis qu'il en aura reçu, sous peine
« d'être poursuivi comme complice de détention
« arbitraire, de s'y transporter aussitôt, et de faire
« mettre en liberté la personne détenue, ou, s'il
« est allégué quelque cause légale de détention, de
« la faire conduire sur-le-champ devant le magis-
« trat compétent. »

Le magistrat doit se transporter aussitôt dans le lieu indiqué, quand bien même l'avertissement lui serait donné au milieu de la nuit. Les principes ordinaires fléchissent devant l'intérêt de la liberté civile.

Telles sont les idées et les dispositions de loi, soit générales, soit exceptionnelles, qui contribuent principalement, entre toutes les autres, à mettre en équilibre les nécessités judiciaires avec les droits du domicile.

LXXXIII.

La première partie de notre chapitre II est terminée. Nous avons vu par qui et dans quel cas une arrestation peut être ordonnée, effectuée, et aussi par qui est déterminée la juridiction devant laquelle l'inculpé sera renvoyé. Disons à présent ce que devient cet inculpé que la loi considère comme innocent, ce qu'on fera de lui et quelle peut être sa situation jusqu'au moment où un jugement interviendra.

L'espace de temps qui s'écoulera entre l'arrestation et le jugement n'est pas déterminé et ne peut pas l'être. Les difficultés du procès, la manière dont l'affaire est conduite, influent sur la durée de la détention préventive. Comment l'inculpé, toujours innocent légalement, et quelquefois innocent en réalité, sera-t-il gardé jusqu'à son acquittement ou jusqu'à sa condamnation?

LXXXIV.

LA MAISON D'ARRÊT.

L'article 107 du Code d'instruction criminelle dit :

« Sur l'exhibition du mandat de dépôt, le pré-
« venu sera reçu et gardé dans la maison d'arrêt
« établie près le tribunal correctionnel. »

Qu'est-ce que c'est que cette maison d'arrêt ? Quelle existence y est faite au prévenu ?

Nul ne peut s'imaginer quelle innombrable quantité de documents législatifs se rattachent à tout ce qui regarde les établissements de détention en général. Les décrets succèdent aux lois, les arrêtés aux ordonnances, les instructions aux circulaires ; c'est un chaos, un vrai dédale. Essayons d'y découvrir quel est le sort du prévenu lorsqu'il est mis sous la main de la justice.

Quand il entre dans la maison où il est mis en détention préventive, le prévenu ne doit pas être renfermé avec les condamnés, même avec les con-

damnés correctionnels. C'est un principe que nous trouvons établi dès le début de la législation intermédiaire. « Il y aura près de chaque tribunal de
« district, dit l'article 1er du titre XIII du décret
« des 16-29 septembre 1791, une maison d'arrêt
« pour y retenir ceux qui seront envoyés par man
« dat d'officier de police; et près de chaque tribu
« nal criminel, une maison de justice pour détenir
« ceux contre lesquels il sera intervenu une or
« donnance de prise de corps. »

Le décret du 21 octobre 1791 expose que le citoyen, prévenu ou accusé d'un délit, n'est détenu que parce que l'intérêt public a exigé qu'on s'assurât de sa personne, et qu'il est défendu de mettre un condamné dans la maison d'arrêt; de mettre un prévenu dans les prisons réservées aux condamnés. Le Code des délits et des peines du 3 brumaire an IV répète dans son article 580 les mêmes prescriptions : « Les maisons d'arrêt et de justice
« sont entièrement distinctes des prisons qui sont
« établies pour peines. Jamais un homme con
« damné ne peut être mis dans la maison d'arrêt,
« et réciproquement. »

La prohibition est nette, absolue : jamais un inculpé ne sera placé dans la maison réservée aux condamnés. L'arrêté ministériel du 20 octobre 1810, et aussi l'article 604 du Code d'instruction criminelle, renferment les mêmes principes, tracent les mêmes règles. Ces principes, ces règles, n'ont plus aujourd'hui ce caractère absolu. Qu'on lise le règlement général pour les prisons départementales, en date du 30 octobre 1841.

La classification des détenus y est bien maintenue en termes exprès ; mais, en 1841, l'insuffisance des bâtiments affectés au service des prisons constatée déjà par l'article 6 de l'arrêté sur la police des prisons, en date du 25 décembre 1819, et par le rapport présenté au roi au commencement de l'année 1837, sur les prisons départementales, cette insuffisance ne permet pas d'employer le mode d'éloignement exigé par les lois antérieures. Les maisons d'arrêt distinctes des maisons de justice n'existent pas ; les prisons totalement séparées des locaux réservés aux prévenus ne sont pas construites. Il est nécessaire de renoncer à ce que le décret de 1791 a de trop radical. Soit que le temps ou les sommes aient manqué, soit qu'il y ait eu quelque négligence de la part des hommes chargés d'exécuter la loi, il est positif qu'au mois d'octobre 1841, la volonté du législateur de 1791 n'avait pas encore été satisfaite : on ne trouva rien de mieux que de la changer.

L'article 89 du règlement du 30 octobre 1841 pourvoit à ce soin, en statuant qu'à défaut de maison d'arrêt, de justice et de correction, les préfets, les sous-préfets et les maires veilleront à ce que les prévenus, les accusés et les condamnés renfermés dans la même maison y occupent des locaux séparés. Ainsi, il n'est plus question de maisons séparées ; on se contente d'exiger que les locaux soient distincts. La législation ainsi fixée, on a le droit de demander que la séparation soit sérieuse.

LXXXV.

Une fois mis à part, comment le prévenu est-il traité au point de vue des nécessités matérielles de la vie? Comment est-il vêtu, nourri, couché,

chauffé? Qui peut le savoir d'une manière générale? Nous avons bien le règlement de 1841 dont
on vient de voir l'article 89, mais ce règlement ne
trace que des règles principales, et s'en remet
pour le surplus à ce qu'on appelle le règlement
particulier de la prison. Que dit en effet l'article 128
du règlement du 30 octobre 1841? « En outre des
« prescriptions contenues dans le présent règle-
« ment général, un règlement particulier détermi-
« nera, ponr chaque prison départementale, toutes
« les autres mesures d'ordre, de discipline, de
« propreté et de salubrité, ainsi que toutes les
« mesures de police locale et de détail qui pour-
« ront y recevoir leur exécution. »

Qui est-ce qui rédige ce règlement particulier,
comment sera-t-il fait, discuté? Le même article 128
nous apprend que ce règlement, proposé par la
commission de surveillance et arrêté par le préfet,
sur l'avis du maire et celui du sous-préfet, sera,
avant son exécution, soumis à l'approbation du
ministre de l'intérieur.

Ainsi, véritablement, à moins d'avoir le règlement particulier de chacune des prisons établies en France, nul ne peut savoir avec exactitude la situation des prévenus ici ou bien là, parce que les choses sur lesquelles le règlement particulier doit statuer sont innombrables.

Qu'il nous suffise de citer quelques textes du règlement général.

L'article 58 porte que les prévenus et les accusés peuvent, dans des limites fixés par le règlement de la prison, faire venir du dehors, et à leurs frais, les vivres dont ils auront besoin.

L'article 72 fixe comment doit s'exercer l'usage connu sous le nom de *pistole*, et déjà réglé par l'arrêté du 4 novembre 1820. Il dit que le gardien pourra être autorisé à louer pour son propre compte, aux prévenus et aux accusés qui le demanderont, les meubles, linges et effets de literie à lui appartenant, moyennant une rétribution quotidienne, hebdomadaire ou mensuelle, fixée pour chaque objet dans un tarif arrêté par le préfet, ou par le sous-préfet, sur l'avis de la commission de surveillance.

L'article 88 dit que les prévenus et les accusés pourront être employés, sur leur demande, aux travaux admis dans la prison, et que le produit de leur travail leur appartiendra.

Ces articles renferment un hommage précieux rendu aux principes généraux, qui veulent que le prévenu ou l'accusé soit toujours présumé innocent; que par conséquent il ne soit pas traité comme un détenu condamné, et qu'il soit fait tout ce qui peut rendre sa situation moins amère. Les mesures d'humanité font la gloire de ceux qui les décrètent; mais elles ne trouvent de valeur réelle que dans une exécution parfaite. On verra si l'exécution est assurée par un contrôle suffisant.

LXXXVI.

Le prévenu, en passant le seuil de la maison d'arrêt, laisse derrière lui une famille, des amis, des affaires. Les soupçons de la justice l'arrachent à tout. Une femme, un fils, un ami, seront-ils réduits à se désespérer au pied des murailles d'une prison? Non, la loi permet que la douleur s'adoucisse par des larmes versées en commun, et qu'un serrement de main ranime le courage. Le prévenu n'est enfermé que par mesure de précaution; il n'est point placé hors du droit social, et aucune loi n'interdit de le visiter. Mais on se demande si tout le monde a le droit de visiter un prévenu, s'il n'est pas nécessaire d'obtenir une permission, et de qui elle doit être obtenue!

A celui qui désire voir un inculpé, il faut une permission : c'est le maire qui doit la délivrer. Pour ce qui regarde les visites, le règlement du 30 octobre 1841 ne distingue pas entre les prévenus et les condamnés. L'article 39 décide que toute personne étrangère à l'administration de la prison ou à la surveillance légale des détenus ne pourra visiter les prisonniers sans une permission écrite du maire. Cette permission sera un ordre obligatoire pour le gardien, à moins que le détenu désigné dans la permission ne soit en punition, et sans préjudice des ordres qui auraient pu être donnés par le juge d'instruction ou par le président des assises, en

vertu de l'article **613** du Code d'instruction criminelle.

Que seront ces visites? combien de temps pour-
ront-elles durer? verra-t-on un prévenu tous les
jours? L'article **32** du règlement de **1841** répond
que, sauf le cas d'autorisation spéciale accordée
par le préfet ou par le sous-préfet, les visiteurs ne
pourront communiquer avec les prisonniers qu'au
parloir ou dans le local qui en tiendra lieu, et en
présence des gardiens; qu'en aucun cas, les visiteurs ne pourront boire ni manger avec les prisonniers; que la durée des visites sera déterminée
par le règlement particulier de la prison, qui dé-
terminera également si elles auront lieu tous les
jours, ou seulement certains jours de la semaine.
— Il faut, par conséquent, renoncer à donner des
renseignements fixes sur les visites que les prévenus peuvent recevoir.

L'article **93** du règlement de **1841** détermine
cependant une exclusion applicable partout. Toute
communication avec les détenus, dit ce texte, est
interdite aux repris de justice; il n'y a d'exception

que pour les père, mère, femme, mari, frères, sœurs, oncles, tantes ou les tuteurs des détenus.

LXXXVII.

Les prévenus et les accusés, comme toutes les autres classes de détenus, sont exposés à subir des punitions encourues pour infraction aux règles de la prison. On voit qu'il en est ainsi, lorsqu'on lit la rubrique du paragraphe premier du chapitre IV de l'ordonnance de 1841 : *règles communes aux diverses classes de détenus*, dit cette rubrique; et dans ce paragraphe premier est rangé l'article 101 relatif aux punitions. Les premiers mots de cet article montrent, au surplus, par leur généralité, que les prévenus n'ont pas échappé au régime ordinaire des prisons; voici quel est cet article :

« Toute infraction aux règles de la prison sera
« punie, suivant le cas, de l'une des peines disci-
« plinaires suivantes :

« La privation de la promenade, de l'école, des
« visites, de correspondance, de secours du de-
« hors, et de tout ou partie du produit du travail;

« La mise au pain et à l'eau;

« La mise au cachot;

« La mise aux fers, dans les cas prévus par
« l'article 614 du Code d'instruction criminelle;

« Le tout sans préjudice de la réparation pécu-
« niaire des dégâts et dommages causés, s'il y a
« lieu. »

Il n'est pas hors de propos de savoir sur l'ordre
de qui un inculpé pourra être mis au pain et à
l'eau, au cachot, aux fers; l'article 37 du règlement de 1841 nous l'apprend : « Si la prison a un
directeur, les punitions seront prononcées par lui,
sur le rapport du gardien chef et après avoir entendu le détenu; lorsqu'il n'y a pas de directeur,
le gardien chef qui inflige une punition à un détenu
doit en référer au maire dans les vingt-quatre
heures au plus tard. »

LXXXVIII.

Malgré cette assimilation, sur un point, avec les condamnés, les prévenus et les accusés sont protégés, nous l'avons déjà vu, par un grand nombre de prescriptions édictées en leur faveur. Citons un texte qui, sous une formule générale, prescrit pour leur situation tous les égards auxquels ils ont réellement droit. Comme toutes les phrases qui ne précisent pas spécialement la volonté de celui qui ordonne, ce texte rend obligatoire un commentaire; nous le trouverons dans l'instruction qui accompagne le document. Voyons d'abord le texte. C'est encore un article de l'ordonnance de 1841 :

« Toutes les communications et autres facilités
« compatibles avec le bon ordre d'une prison se-
« ront accordées aux prévenus et aux accusés. »
(Article 102.)

Rien de plus digne, rien de plus noble! on ne

peut demander que plus de précision. Le mot *communications* comprend-il la correspondance par écrit? Comment traduire dans la pratique ces mots : facilités compatibles avec le bon ordre d'une prison. L'instruction annexée au règlement donne-t-elle des explications moins vagues? Qu'on en juge; nous transcrivons les termes :

« Il eût été difficile de dire dans le règlement
« en quoi devront consister ces facilités; elles
« dépendront naturellement, sous la réserve des
« prescriptions restrictives du premier paragraphe
« (de l'article 102), du caractère du détenu, de
« ses précédents, de ses mœurs connues, de la
« nature du crime ou du délit qui a motivé son ar-
« restation, de la moralité des personnes qui de-
« manderont la permission de le voir, circon-
« stances dont l'appréciation doit être laissée à
« l'autorité locale. »

Terminons en indiquant une dernière précau-tion prise en faveur des prévenus et accusés. Comme ils doivent, dit le deuxième paragraphe de l'article 102 de l'ordonnance de 1841, avoir le libre choix de leurs défenseurs, le tableau des avocats et des avoués de la localité demeure affiché dans la maison d'arrêt et dans la maison de justice, ou dans les quartiers de la prison commune qui en tiendront lieu.

LXXXIX.

Telles sont, dans le cours ordinaire des choses, les mesures auxquelles sont soumis et ont droit les individus arrêtés préventivement. Comment l'exécution de ces mesures est-elle assurée? Les lois ont-elles déterminé un contrôle? par qui ce contrôle est-il exercé? si les prévenus croient avoir à se plaindre, s'ils ont à se plaindre réellement, auprès de qui porteront-ils leurs réclamations? si on leur refuse du travail, par exemple, qui aura le droit de leur en faire donner?

Certaines personnes sont investies du droit de visiter les prisons et d'écouter les plaintes des détenus. Prenons de suite l'ordonnance du mois d'octobre 1841. Son article 124 porte qu'en outre des visites que les commissions de surveillance devront faire, conformément au règlement de leur institution, et de celles que doivent faire les préfets et les maires, aux termes des articles 611 et 612 du Code d'instruction criminelle, les sous-préfets feront au moins tous les mois une visite spéciale dans les prisons du chef-lieu de leur arrondissement.

Donnons quelques détails plus précis : aux termes de l'article 611 du Code d'instruction criminelle, le préfet est tenu de visiter, au moins une fois par an, toutes les maisons de justice et prisons et tous les prisonniers du département. Aux termes du même article, une fois au moins dans le cours de chaque session de la Cour d'assises, le président de cette Cour est tenu de visiter les personnes retenues dans la maison de justice. Aux termes du même article, le juge d'instruction est tenu de visiter au moins une fois par mois les personnes retenues dans la maison d'arrêt de l'arrondissement. Aux termes de l'article 612 du Code d'instruction criminelle, le maire de chaque commune où il y aura soit une maison d'arrêt, soit une maison de justice, soit une prison, est tenu de faire, au moins une fois par mois, la visite de ces maisons. Aux termes de l'article 124 du règlement d'octobre 1841, les sous-préfets feront, au moins tous les mois, une visite spéciale dans les prisons du chef-lieu de leur arrondissement.

Enfin ce dernier article parle des visites que devront faire les commissions de surveillance. Nous avons déjà souvent nommé ces commissions : que sont-elles?

Le nom dit assez ce que c'est que leur fonction. La commission de surveillance est une réunion de personnes chargées du contrôle de tout ce qui se passe dans les prisons ; établie dans un but d'humanité, pour que les lois soient observées au regard des détenus, elle est une protection infinie. L'article 15 de l'arrêté ministériel du 20 octobre 1810 renferme la première idée de cette institution. Il dit que ces maisons (d'arrêt, de justice et autres) seront de plus soumises à l'inspection journalière d'un conseil gratuit et charitable de cinq membres dont le maire du lieu sera chef et président ; les procureurs près les tribunaux seront, en outre, membres-nés du conseil, et pourront en conséquence assister aux séances et prendre part aux délibérations.

Ce conseil gratuit a été remplacé par la commission des prisons départementales, en vertu de l'ordonnance de 1819. C'est cette ordonnance qui est suivie aujourd'hui ; le maire a perdu la direction de ce nouveau conseil, il n'en fait même plus partie de plein droit. Voici comment la commission de surveillance est constituée :

Dans chacune des villes du royaume où se trouvent une ou plusieurs prisons, maisons d'arrêt ou de détention, il sera formé une commission composée de trois à sept membres, sous le nom de commission pour la prison de... (article 13 de l'ordonnance de 1819). — Les articles 6 et 14 de cette ordonnance et l'article 2 de l'ordonnance du 25 juin 1853 tracent le mode de nomination des membres de cette commission. Certaines personnes en seront membres de droit. L'article 15 de l'ordonnance de 1819 décide en effet que le premier président et le procureur général, dans les villes où siége une Cour d'appel, et dans les autres villes le président du tribunal de première instance et le procureur du roi, seront de droit membres supplémentaires de ces commissions, qui seront présidées par le préfet dans les chefs-lieux de département, et par le sous-préfet dans les chefs-lieux d'arrondissement.

Les fonctions de cette commission des prisons sont immenses; notons seulement quelques-unes d'entre elles. Aux termes de l'article 16 de l'ordonnance de 1816, la commission est chargée de la surveillance intérieure des prisons, en tout ce qui concerne la salubrité, la discipline, la tenue régulière des registres d'écrou, le travail, la distribution des profits du travail, l'instruction religieuse et la réforme morale des détenus, et la conduite envers ceux-ci des concierges et des gardiens.

Chargée de surveiller la conduite des gardiens

envers les détenus, la commission a donc qualité
pour écouter les plaintes des prévenus et pour empêcher qu'ils ne soient traités contrairement aux
lois. Chose parfaite! Comment l'idée a-t-elle été
suivie? comment l'ordonnance de 1819 a-t-elle été
obéie?

Traversons un long espace de temps et arrivons
à l'année 1849, au 8 septembre. M. le ministre
de l'intérieur, dans une circulaire aux préfets,
se plaint de ce que les rapports des inspecteurs
généraux des prisons ont souvent signalé l'inexé-
cution de l'ordonnance du 9 avril 1819. Il sait que,
dans certains départements, les membres des
commissions de surveillance négligent même de
se réunir.

« Il serait fâcheux, ajoute la circulaire, qu'un
« pareil état de choses se prolongeât. Les com-
« missions instituées près des prisons ont un rôle
« important à remplir. Elles sont puissantes pour
« empêcher les abus, pour hâter la réforme de
« ceux qui existent, pour aider l'administration à
« réaliser les améliorations possibles. Il ne faut

« pas qu'une institution aussi utile n'existe que
« dans les ordonnances qui l'ont créée. J'entends
« qu'elle soit une réalité vivante et féconde. »

Le ministre ajoute qu'il désire savoir si chaque
commission a pris ses devoirs au sérieux et de
manière à rendre les services qu'on peut espérer
d'elle.

On voit par cette citation que, malgré les trente
années écoulées depuis 1819, les commissions de
surveillance ne remplissaient pas encore régulière-
ment en 1849 tous les devoirs qu'elles ont acceptées. Ont-elles même compris depuis la circulaire de M. Dufaure, toute l'importance, toute la
grandeur de leur mission ?

Ceux qui le savent, ce sont les inspecteurs généraux des maisons d'arrêt, de justice et autres,
commis par un décret du 12 août 1856.

XC.

Ce que nous avons dit jusque-là sur le sort des
individus détenus préventivement, et au sujet des

maisons d'arrêt et de justice, retrace ce qui se passe ordinairement. Nous devons ajouter que quelquefois la situation des inculpés s'aggrave, que quelquefois elle s'adoucit. Elle devient plus douloureuse par la mise au secret; elle peut s'alléger par la cessation de la détention préventive, soit en vertu d'une mise en liberté sous caution, soit en vertu de la mainlevée d'un mandat de dépôt.

XCI.

LA MISE AU SECRET.

Être enfermé dans une cellule, y vivre toujours seul, ignorer ce que deviennent la famille, les affections, les affaires publiques et privées, ne jamais entretenir personne, ne voir qu'un gardien apportant la nourriture obligée, être enfin, comme dans un tombeau, séparé de tout ce qui respire, voilà, sèchement et sans grandes phrases, ce que c'est que la mise au secret.

Dans certaines circonstances, cette mesure est considérée comme indispensable à l'instruction d'une affaire criminelle. Tout le monde comprend combien de rigueurs et de chagrins elle renferme ; si elle se prolonge plusieurs jours, plusieurs semaines, elle équivaut à la plus cruelle des tortures. L'horreur d'un pareil isolement, le découragement, la douleur, le désespoir, ne brisent pas les membres, il est vrai, mais ils s'emparent de l'âme et la rongent. Cependant, si la mise au secret est une mesure nécessaire à la bonne administration de la justice, elle doit être subie. Mais cette nécessité peut perdre la plus grande partie de ses périls, si elle n'est appliquée que dans les cas où elle est forcée, et avec des réserves déterminées.

Qui décidera si la mise au secret est nécessaire? qui décidera combien de temps elle sera continuée?

La constitution du 3 septembre 1791, dans l'article 15 du chapitre V du titre III, et la constitution du 22 frimaire an viii, dans son article 80, défendent qu'un individu soit tenu au secret sans une ordonnance du juge.

Le Code d'instruction criminelle détermine dans un texte unique, dans le second paragraphe de

l'article 613, par quels magistrats le secret doit
être ordonné, lorsqu'il dit :

« Le juge d'instruction et le président des
« assises pourront néanmoins donner respective-
« ment tous les ordres qui devront être exécutés
« dans les maisons d'arrêt et de justice, et qu'ils
« croiront nécessaires, soit pour l'instruction, soit
« pour le jugement. »

Tout est là : le principe général renfermé dans
ce paragraphe s'applique à la mise au secret comme
à toutes les autres mesures jugées nécessaires, soit
pour le jugement, soit pour l'instruction. Combien
de temps peut durer le secret? la loi ne le dit nulle
part. Qui aura le droit de reviser les ordres donnés
à ce sujet? personne.

La loi ne donne ce droit à personne; les magistrats désignés dans le second paragraphe de
l'article 613 sont les arbitres souverains, chacun
en ce qui le concerne, de la mise au secret d'un
inculpé.

XCII.

Nous avons dit que le sort des individus mis en
état de détention préventive pouvait obtenir un
allégement considérable par la cessation, ou, si l'on
veut, par la suspension de la détention préventive.
Nous avons ajouté que ce bénéfice se sollicitait de
deux manières; nous allons examiner la première,
c'est-à-dire la demande de mise en liberté provisoire sous caution. Nous parlerons ensuite de la
demande de mainlevée du mandat de dépôt.

XCIII.

LIBERTÉ SOUS CAUTION.

Un individu mis en état de détention préventive
peut demander, dans certains cas, à être rendu
provisoirement à la liberté, en offrant caution solvable de se présenter à tous les actes de la procé-

dure, et pour l'exécution du jugement, aussitôt qu'il en sera requis.

Ce bénéfice n'est pas accordé dans toutes les affaires et à tous les inculpés. Un individu poursuivi pour un fait emportant peine afflictive ou infamante ne peut pas l'obtenir. (Article 113 du Code d'instruction criminelle.) La mise en liberté provisoire moyennant caution ne peut être sollicitée que par les individus incriminés d'un simple délit et qui ne sont justiciables que de la police correctionnelle. Ajoutons que, même parmi les individus prévenus d'un délit, il en est certains qui sont déchus du droit d'invoquer la disposition bienveillante de la loi : tels sont les vagabonds, ensuite les repris de justice (article 115 du Code d'instruction criminelle); en troisième lieu, ceux qui auront déjà, dans une circonstance précédente, laissé contraindre au payement, une caution offerte et acceptée. (Article 126 du même Code.)

En dehors de ces exceptions spécifiées, et dans les cas de simple délit, cette faveur précieuse qui

suspend la détention préventive, peut être demandée
et accordée en tout état de cause.

A qui doit-elle être demandée? par qui peut-elle
être accordée?

L'article 114, dont nous avons indiqué déjà
quelques prescriptions, répond à ces questions. Ce
texte n'est plus tel que l'avaient formulé les rédacteurs du Code d'instruction criminelle de 1808;
il a été modifié par la loi du 17 juillet 1856. Le
voici, dans les termes auxquels nous sommes tenus
d'obéir.

« Si le fait n'emporte pas une peine afflictive ou
« infamante, mais seulement une peine correc-
« tionnelle, le juge d'instruction pourra, sur la
« demande du prévenu et sur les conclusions du
« procureur impérial, ordonner que le prévenu
« sera mis provisoirement en liberté, moyennant
« caution solvable de se représenter à tous les
« actes de procédure et pour l'exécution du juge-
« ment aussitôt qu'il en sera requis.

« La mise en liberté provisoire avec caution

« pourra être demandée et accordée en tout état
« de cause. »

D'une observation faite par l'un des membres de
la commission que le Corps législatif avait nommée
pour examiner le projet qui est devenu la loi du
17 juillet 1856, il résulte que les prévenus ont
seulement le droit de demander leur mise en liberté
provisoire moyennant caution, et que cette liberté
ne doit pas leur être nécessairement accordée
parce qu'ils l'ont demandée, mais qu'elle peut leur
être refusée, si les circonstances l'exigent.

L'article 114 nous dit que cette mise en liberté
sera accordée par le juge d'instruction sur les conclusions du procureur impérial. Est-il nécessaire
que les conclusions du procureur impérial soient
rigoureusement conformes aux sentiments du juge
d'instruction. Si ces deux magistrats n'ont pas la
même manière de voir, lequel des deux avis l'emportera? Messieurs les commissaires du gouvernement ont déclaré que la décision du juge pourrait
se maintenir malgré les conclusions contraires du
procureur impérial; c'est le rapport fait au nom de

la commission qui l'indique. En cette matière, le juge d'instruction a donc la prééminence sur le procureur impérial. Nous rappellerons cette prééminence, quand il sera question de la mainlevée du mandat de dépôt.

Lorsque le juge d'instruction aura statué sur une demande de mise en liberté provisoire moyennant caution, cette décision sera-t-elle inattaquable, ou bien pourra-t-on la déférer à quelque autorité supérieure? La loi permet que l'ordonnance du juge instructeur soit soumise à un contrôle. Le procureur impérial, la partie civile, le prévenu, le procureur général, pourront, dans des cas différents, et s'ils croient avoir à se plaindre de cette ordonnance, former contre elle une opposition (article 135 du Code d'instruction criminelle). Nous avons dit aux paragraphes LV et LVI dans quels délais et par-devant qui cette opposition devait être formée; ajoutons seulement que le prévenu doit former son opposition dans les vingt-quatre heures qui suivront la communication, à lui donnée, de l'ordonnance par le greffier. Le prévenu détenu gardera prison jusqu'à ce qu'il ait été statué sur l'opposition, et, dans tous les cas, jusqu'à l'expiration du délai d'opposition, mais sans néanmoins qu'il soit tenu compte du délai accordé au procureur général.

Le premier paragraphe de l'article 119 du Code d'instruction criminelle portait que le cautionnement offert par le prévenu qui demande sa mise en liberté provisoire ne pourrait être au-dessous de cinq cents francs ; un décret des 23-24 mars 1848 :

« Considérant que cette disposition consacre
« une flagrante inégalité parmi les prévenus ;
« qu'elle a pour résultat d'exclure du bénéfice de
« la liberté provisoire tous ceux qui ne peuvent
« déposer une somme de cinq cents francs ; con-
« sidérant que les garanties de la représentation
« devant la justice d'un prévenu de simple délit
« peuvent se puiser non-seulement dans sa fortune,
« mais dans sa position personnelle, dans son do-
« micile, dans sa profession, dans ses antécédents,
« enfin, dans la nature même du fait qui lui est
« imputé, »

Abroge le premier paragraphe de l'article 119 du Code d'instruction criminelle.

Venons au second des moyens par lesquels un inculpé peut solliciter la suspension de la détention préventive, à la demande en mainlevée du mandat de dépôt.

XCIV.

MAINLEVÉE DU MANDAT DE DÉPOT.

Cette idée, qu'il faut établir entre les inculpés l'égalité la plus absolue, ne se trouve pas seulement dans les considérants du décret des 23-24 mars 1848; elle a inspiré une loi plus récente. Le mandat de dépôt était jadis irrévocable. On a pensé qu'il était sage de ne pas garder pendant plusieurs semaines un individu dont la détention pouvait, un jour ou l'autre, être considérée comme peu utile à la justice; en conséquence, une loi, celle du 4 avril 1855, a changé les effets du mandat de dépôt, en transformant l'article 94 du Code d'instruction criminelle. Voici ce que disent le second et le troisième paragraphe de cet article modifié :

« Dans le cours de l'instruction, il (le juge d'in-
« struction) pourra, sur les conclusions conformes
« du procureur impérial, et quelle que soit la nature
« de l'inculpation , donner mainlevée de tout
« mandat de dépôt, à la charge par l'inculpé de
« se représenter à tous les actes de la procédure
« et pour l'exécution du jugement, aussitôt qu'il
« en sera requis.

« L'ordonnance de mainlevée ne pourra être
« attaquée par voie d'opposition. »

C'est là tout ce qui regarde l'innovation introduite par la loi de 1855 ; on le voit, plus de considérations pécuniaires, plus d'exigences d'argent,
comme il s'en trouve encore dans l'article 119. Il
ne sera examiné que la nature du fait, la position de
l'individu , ses antécédents, la tournure qu'aura
prise le procès.

Cette absence de somme déposée n'est pas la
seule chose qui sépare la mainlevée du mandat
de dépôt d'avec la mise en liberté provisoire.

Ainsi, le mandat de dépôt pourra être levé, non pas seulement quand il s'agira d'un délit, mais encore quand il s'agira d'un fait emportant peine afflictive ou infamante; de plus, le mandat de dépôt ne pourra pas être levé, si le procureur impérial ne donne pas des conclusions conformes à l'opinion du juge d'instruction qui consent à accorder la mainlevée. Les deux magistrats doivent être d'accord sur l'opportunité de cette mesure pour qu'elle soit accordée. On ne voit pas très-exactement pourquoi, ici, le ministère public est rendu, en quelque sorte, maître de la liberté des individus, et, si l'on se reporte à ce qui se passe au sujet de la mise en liberté provisoire, on peut penser que le manque d'uniformité, constaté par cet examen, n'est point parfaitement justifié; on n'aime guère à voir la volonté du juge d'instruction passer après celle du procureur impérial.

Enfin, par un hommage solennel rendu au principe de l'indépendance civile, les législateurs déclarent que l'ordonnance de mainlevée du mandat de dépôt ne pourra pas être attaquée par la voie d'opposition ; elle sera nécessairement obéie, et l'inculpé mis en liberté.

La commission nommée par le Corps législatif pour examiner le projet qui est devenu la loi du 4 avril 1855 avait accepté un amendement, tendant à faire admettre une nouvelle faveur au profit de l'inculpé, dans le cas où la mainlevée du mandat de dépôt aurait suspendu la détention préventive. On demandait que, dans cette circonstance, la chambre des mises en accusation de la Cour impériale, statuant sur les pièces de l'instruction, et décernant contre l'inculpé une ordonnance de prise de corps, fût autorisée à suspendre l'exercice de cette ordonnance jusqu'au huitième jour qui précéderait l'ouverture des assises.

Le conseil d'État, dit M. le rapporteur de la commission, n'a pas cru devoir accepter cet amendement.

XCV.

Là se termine la deuxième partie de ce chapitre,

c'est à-dire ce que nous avions à exposer sur le sort d'un inculpé, depuis le moment de son arrestation jusqu'au jour où il va être jugé. Nous aurions pu placer ici les développements donnés dans les paragraphes LIII et suivants, sur quelques-uns des droits du juge d'instruction; mais nous avons pensé qu'il valait mieux ne pas séparer de notre étude principale sur ce magistrat un sujet qui comprend un de ses plus importants pouvoirs.

Nous reconnaissons cependant que, d'après une stricte logique, un exposé sur la détermination de juridiction devrait venir à la fin de cette deuxième partie; car quelle marche avons-nous suivie? Nous avons signalé en premier lieu par qui une arrestation pouvait être ordonnée ; nous avons fait connaître ensuite la situation et les droits des inculpés, depuis l'heure où ils sont mis sous la main de justice, jusqu'au moment où l'instruction de leur procès est terminée. C'est à ce moment que le pouvoir compétent décide par-devant qui l'inculpé comparaîtra pour être jugé.

Rigoureusement, l'étude de cette partie de la

procédure criminelle devrait être faite immédiatement avant de passer au jugement lui-même; nous avons expliqué pourquoi il n'en est pas ainsi. Au lieu de répéter, même en peu de mots, ce que nous avons examiné déjà longuement, nous aimons mieux nous en tenir à une simple mention; il est facile de se reporter aux paragraphes indiqués.

La troisième partie de ce chapitre traitera sommairement des tribunaux criminels et correctionnels, institués pour décider si tel individu s'est rendu indigne de vivre libre, et si la liberté lui sera enlevée pour un temps ou pour toujours.

XCVI.

LA COUR D'ASSISES.

L'individu contre lequel une ordonnance de prise de corps a été décernée par la chambre des mises en accusation, en vertu de l'article 232 du Code d'instruction criminelle, à cause d'un acte de nature à entraîner une peine afflictive ou infamante, prend le nom d'*accusé*. Renvoyé devant la Cour d'assises, il y trouve des jurés décidant le fait, des magistrats appliquant la loi; c'est l'ancien système de la législation romaine appliqué chez nous aux jugements criminels.

La composition des listes du jury a varié suivant les divers systèmes politiques; le nombre des voix par lesquelles le jury de jugement doit déclarer la culpabilité de l'accusé n'a pas non plus toujours été le même.

Aujourd'hui, l'accusé est proclamé innocent, si, sur les douze jurés appelés à décider de son sort, il n'en est pas sept qui le disent coupable.

La Cour, bien qu'elle ne siége que pour présider aux débats, et pour sanctionner la décision du jury en prononçant l'acquittement ou la peine, a cependant sur le sort de l'accusé une action considérable, dans le cas où il est condamné. La peine à prononcer n'est pas toujours fixe, en effet; elle se tient souvent entre des limites assez éloignées. C'est à la Cour qu'il appartient alors de décider jusqu'où la peine doit aller entre les deux extrêmes fixés par la loi ; le *minimum* et le *maximum* peuvent être aussi prononcés.

De peur qu'aucune idée préconçue ne vienne compromettre la liberté de l'accusé, l'article 257 du Code d'instruction criminelle statue que les membres de la Cour impériale qui auront voté sur la mise en accusation d'un individu ne pourront, dans la même affaire, ni présider les assises, ni assister le président, à peine de nullité ; l'article 257 ajoute qu'il en sera de même à l'égard du juge d'instruction.

Lorsque l'accusé aura été déclaré non coupable, dit l'article 358 du Code d'instruction criminelle, le président prononcera qu'il est acquitté de l'accusation, et ordonnera qu'il soit mis en liberté, s'il n'est retenu pour autre cause.

Tout individu acquitté légalement par une Cour d'assises ne peut plus être repris ni accusé à raison du même fait (article 360 du Code d'instruction criminelle); quand bien même l'arrêt d'acquittement serait cassé par la Cour de cassation sur un pourvoi

formé par le ministère public, l'individu rendu à
la liberté n'a plus, pour le même fait, aucune poursuite à redouter. (Article 409 du Code d'instruction
criminelle.)

Un arrêt de condamnation ne peut pas être non
plus frappé d'un appel véritable. Le condamné a
bien le droit de se pourvoir en cassation (article
262 du même Code), mais ce n'est pas pour demander que l'opinion de ses juges soit contrôlée et
revisée ; ce sera seulement pour faire rechercher
si toutes les formalités de procédure criminelle
exigées par les lois ont rencontré une religieuse
exécution.

XCVII.

JUGEMENT CORRECTIONNEL.

Lorsque le fait reproché n'est qu'un simple
délit, selon la définition légale, l'inculpé s'appelle
prévenu, il est jugé par le tribunal correctionnel ;
les magistrats composant ce tribunal sont ceux

connus sous le nom de juges des tribunaux de première instance.

Aucun article de loi ne défend au juge d'instruction de siéger en police correctionnelle ; il en résulte que le magistrat qui a fait l'instruction d'une affaire, qui l'a suivie dès le début, qui a pensé que l'inculpé devait être traduit devant des juges, qui l'a peut-être trouvé assez compromis pour qu'un mandat de dépôt fût décerné, va être appelé à rendre un jugement sur un fait que déjà il a poursuivi : n'est-ce pas une opinion toute faite qu'il apportera, et le procès n'est-il pas déjà jugé pour lui?

C'est ce que pensait la commission nommée par le Corps législatif pour examiner le projet qui est devenu la loi du 17 juillet 1856. Un membre de cette commission avait proposé un amendement à l'article 55 du Code d'instruction criminelle, et portant que le juge d'instruction ne siégerait pas au correctionnel ; la majorité de la commission adopta cet amendement, par des raisons que nous trouvons énoncées comme il suit, dans le rapport de M. Nogent-Saint-Laurent :

« Il a semblé à votre commission qu'il y avait un
« inconvénient grave à permettre au juge d'in-
« struction de siéger en police correctionnelle ; il
« a fait l'instruction, il a rendu l'ordonnance, et
« il est à craindre qu'il n'arrive sur le siége avec
« des préventions et des idées presque arrêtées.
« Cet article 55 semble inconciliable avec l'article
« 257 du Code d'instruction criminelle, qui ne
« permet pas que les magistrats de la Cour impé-
« riale qui ont voté sur la mise en accusation
« puissent, dans la même affaire, présider les
« assises ou assister le président..... et pourtant
« aux assises il y aurait moins d'inconvénient,
« car le magistrat n'a qu'un rôle passif ; il se borne
« à appliquer la peine au fait déclaré constant par
« le jury. L'article 257 résume toutes les déli-
« catesses de la loi ; on s'étonne de ne plus les
« retrouver dans l'article 55. »

Le conseil d'État n'a pas cru devoir accepter
l'amendement que la commission avait adopté ; on
ne connaît pas expressément les raisons de ce
rejet, mais il est facile d'en supposer au moins une.

On la trouve dans le rapport de M. Nogent-
Saint-Laurent :

« Les tribunaux de première instance sont com-
« posés de trois juges. Si l'on interdit formelle-
« ment le siége correctionnel aux juges d'instruc-
« tion, il en résultera qu'un juge suppléant siégera
« toujours dans les affaires correctionnelles. L'ins-
« titution des juges suppléants est consacrée par
« la loi ; mais ces magistrats n'offrent pas les
« mêmes garanties d'autorité et d'indépendance
« que les titulaires, et il y aurait danger à décréter
« la permanence à leur profit. »

Il n'y aurait rien d'étonnant à ce que cette défiance contre les juges suppléants ait fait rejeter
un amendement qui devait les amener forcément
à siéger dans toutes les affaires correctionnelles.

La première pensée qui nous a excité à écrire ce
livre, c'est celle-ci : Cette défiance, si bien tra-
duite par M. le rapporteur, n'aurait-elle pas dû
avoir aussi pour effet d'exclure les juges suppléants du droit d'être juges d'instruction ?

XCVIII.

ACQUITTEMENT CORRECTIONNEL.

Les jugements prononcés par les tribunaux correctionnels, et qui déclarent que la liberté civile du prévenu sera ou ne sera pas suspendue, peuvent être déférés à la Cour d'appel par le prévenu aussi bien que par le procureur impérial, selon que l'un ou l'autre trouve quelque intérêt à ce recours.

Nous devons noter un article du Code d'instruction criminelle, qui, pour le cas où l'acquittement du prévenu est prononcé, renferme une application toute spéciale du principe de la détention préventive.

Le Code d'instruction criminelle, tel qu'il fut rédigé en 1808, contenait, dans son article **206,** une disposition ainsi conçue :

« La mise en liberté du prévenu acquitté ne
« pourra être suspendue, lorsqu'aucun appel n'aura

16

« été déclaré ou notifié dans les dix jours de la
« prononciation du jugement. »

Rendons-nous un compte exact de la situation :
un prévenu détenu comparaît en police correctionnelle ; on discute son procès, les témoins sont
entendus ; l'avocat et le ministère public prennent
la parole, l'attaque et la défense présentent tous
leurs moyens ; enfin, les magistrats se lèvent pour
délibérer.

Quel moment pour le malheureux qui attend
tout ému ce que ses juges vont faire de lui ! Ces
quelques instants d'incertitude, si voisins d'une
solution d'où dépendent la liberté, l'honneur,
doivent avoir quelque chose de cuisant et de terrible, bien que la décision à intervenir ne soit pas
le dernier mot.

Dieu soit béni ! l'innocence du prévenu est proclamée ; les juges reconnaissent que c'est à tort
qu'il a été poursuivi ; on s'était trompé, il n'est pas
coupable : il va donc pouvoir rentrer chez lui, re-
tourner à ses affaires, à sa famille ; il est acquitté,
il est libre !

Non, pas encore! Il est acquitté, soit; mais il va néanmoins garder prison, et pendant dix jours.

Encore dix jours de prison, et pourquoi? c'est qu'en vertu du principe de la détention préventive, le prévenu acquitté peut être détenu jusqu'au moment où il comparaîtra devant la Cour impériale, s'il y a appel. Or, disait la loi d'autrefois, dix jours sont nécessaires au ministère public pour qu'il examine s'il doit interjeter appel, ou non, et l'individu acquitté attendra sous la main de justice que ce temps soit écoulé; de telle sorte qu'en l'absence de tout appel il sera resté dix jours en prison, bien que le tribunal l'ait reconnu complétement innocent, et bien que le ministère public n'ait pas attaqué cette décision.

Voilà jusqu'où allait le système du Code de 1808.

On a compris tout ce qu'une pareille disposition avait de rigoureux et de pénible. Lorsque, en 1831, la modification de certains articles du Code pénal fut proposée, les Chambres se trouvèrent amenées, par la force des choses, à modifier aussi quelques textes du Code d'instruction criminelle. Ainsi, par exemple, au moment où fut discuté le nouvel article 24 du Code pénal, qui fixe le jour à partir duquel la durée de la peine commence à compter, un amendement ainsi conçu fut proposé à la Chambre des députés :

« Le prévenu qui aura été acquitté sera mis en « liberté, immédiatement après la prononciation « du jugement. »

MM. Persil, Bavoux, Charamaule, appuyèrent vivement cette proposition, ils disaient :

Un homme acquitté en police correctionnelle a pour lui les juges qui prononcent l'acquittement ; de plus, la présomption d'innocence que tout homme porte avec lui, et l'on veut que cela ne suffise pas ! Un acquittement, dans une affaire d'assises, emporte une absolution complète ; est-ce que, au correctionnel, il ne pourra pas donner au moins une liberté provisoire ? — Dans les tribunaux d'arrondissement, ce sont, le plus souvent, les mêmes juges qui déclarent la prévention et qui jugent ensuite correctionnellement. S'ils acquittent, il y

a une grande présomption d'innocence. On ne comprend pas cette disposition de notre Code, qui
retient en prison un homme acquitté; dans ce cas
nous avons à mettre en balance la position du prévenu, cette incertitude pénible où il est, qui forme
une aggravation de peine; de plus, la présomption
de son innocence déclarée par un tribunal, et, de
l'autre côté, la volonté unique et l'appel du ministère public. Il y aurait sévérité outrée à retenir
cet individu en prison. (*Moniteur* de Décembre
1831.)

L'amendement est mis aux voix et adopté par
la Chambre des députés.

La Chambre des pairs ne voulut pas accepter ce
système. Elle proposa de réduire à trois jours le
délai de dix jours fixé par l'article 206.

Voici comment s'exprime, devant la Chambre
des députés, M. Dumont, rapporteur du projet de
loi (*Moniteur* du 9 avril 1832) :

« Vous aviez retiré au procureur du roi le droit
« de différer, pendant les dix jours de l'appel, la
« mise en liberté d'un prévenu acquitté. La Cham-

« bre des pairs a rendu ce droit à la partie pu-
« blique, mais elle a limité à trois jours le délai
« pendant lequel elle peut en faire usage. Cette
« transaction semble tout concilier : d'un côté,
« elle abrége le sacrifice que la sécurité publique
« demande au prévenu, et de l'autre, elle rend au
« droit d'appel toute son efficacité. »

Cette transaction a été acceptée par la Chambre des députés. L'article 206 du Code d'instruction criminelle, au lieu d'être supprimé, fut seulement modifié en ce sens que le délai de dix jours qu'il indique a été réduit à trois jours.

XCIX.

GARANTIES ET VOIES DE RECOURS.

La quatrième et dernière partie de ce chapitre fera mention des précautions prises par les lois pour que l'indépendance civile ne soit pas lésée, ou au moins pour qu'elle ne soit pas lésée impunément. Un sujet si important demanderait un vo-

lume ; mais, comme il se rattache à la difficile question de la responsabilité des fonctionnaires, question qui n'est pas l'objet principal de nos études
présentes, nous veillerons à ne pas aller au delà
de ce que nous devons nécessairement exposer.

Un grand nombre de textes législatifs se préoc-
cupent d'assurer la liberté civile ; la loi déclare
que celui qui oserait porter atteinte à cette liberté
sera puni ; le Code d'instruction criminelle indique
les moyens auxquels doit recourir celui qui préten-
drait avoir à se plaindre d'une pareille atteinte.

Ces peines, ces voies de recours, c'est ce qui
sert à protéger l'exercice d'un droit solennel, à
venger ses injures ; c'est ce qu'on appelle les garanties de la liberté civile.

Voyons les textes.

En même temps que l'indépendance civile a été
proclamée, des mesures furent prises pour sa défense. La Constitution des 3-14 septembre 1791
reconnaissait le principe ; le décret des 16-29 septembre de la même année veille à l'application. Le
titre XIV de ce décret renferme treize articles qui

indiquent les moyens d'assurer la liberté des citoyens contre les détentions illégales ou autres
actes arbitraires.

La Constitution du 5 fructidor an III, depuis son
article 222 jusqu'à l'article 232, s'occupe de cette
question tout comme le ferait un Code pénal.

Le titre XIX du Code du 3 brumaire an IV est
consacré tout entier au même objet. (De l'article 581
jusqu'à l'article 593.)

Enfin, la Constitution du 22 frimaire an VIII,
dans ses articles 77, 78, 79, 80, 81, 82, prend
des mesures contre la détention arbitraire des individus.

Les Codes rédigés sous l'Empire ne sont ni
moins scrupuleux ni moins formels que les textes
de la législation intermédiaire.

Voici par quelles dispositions principales le Code
d'instruction criminelle et le Code pénal protégent
la liberté civile.

Toute personne qui aura connaissance qu'un individu est détenu dans un lieu autre que celui indiqué par la loi est tenu d'en donner avis aux ma-

gistrats. Soit d'office, soit sur cet avis, tout juge de paix, tout officier chargé du ministère public, tout juge d'instruction, est tenu, en pareille circonstance, d'agir aussitôt. (Art. 615, 616 du Code d'instruction criminelle.)—Toute affaire doit cesser quand la liberté d'un individu est compromise.

Tout gardien doit montrer un détenu dans les cas où il en est légalement requis, ou bien montrer l'ordre qui le lui défend. (Art. 618 du même Code.)

Les magistrats pourraient être poursuivis comme coupables de détention arbitraire s'ils tardaient d'un instant à porter leur secours; les gardiens seraient poursuivis comme coupables ou complices de détention arbitraire s'ils n'obéissaient pas à la loi ci-dessus spécifiée. (Mêmes articles.)

A côté des lois de 1808, citons quelques articles d'un document législatif qui est de notre époque et qui donne une récente consécration aux droits de l'indépendance civile. Décret du 1er mars 1854 sur l'organisation de la gendarmerie :

Art. 614. — « Tout acte de la gendarmerie

« qui trouble les citoyens dans l'exercice de leur
« liberté individuelle est un abus de pouvoir. Les
« officiers, sous-officiers, brigadiers et gendarmes
« qui s'en rendent coupables encourent une peine
« disciplinaire, indépendamment des poursuites
« judiciaires qui peuvent être exercées contre
« eux. »

Art. 615. — « Hors le cas de flagrant délit dé-
« terminé par les lois, la gendarmerie ne peut
« arrêter aucun individu, si ce n'est en vertu d'un
« ordre ou d'un mandat décerné par l'autorité
« compétente. Tout officier, sous-officier, briga-
« dier ou gendarme qui, en contravention à cette
« disposition, donne, signe, exécute ou fait exé-
« cuter l'ordre d'arrêter un individu ou l'arrête
« effectivement, est puni comme coupable de dé-
« tention arbitraire. »

Art. 616. — « Est puni de même tout militaire
« du corps de la gendarmerie qui, même dans le
« cas d'arrestation pour flagrant délit, ou dans tous
« les autres cas autorisés par les lois, conduit ou
« retient un individu dans un lieu de détention

« non légalement et publiquement désigné par
« l'autorité administrative pour servir de maison
« d'arrêt, de justice ou de prison. »

Art. 617. — « Tout individu arrêté en flagrant
« délit par la gendarmerie, dans les cas déterminés
« par le présent décret, et contre lequel il n'est
« point intervenu de mandat d'arrêt ou un juge-
« ment de condamnation à des peines, en matière
« correctionnelle ou criminelle, est conduit à l'ins-
« tant même devant l'officier de police ; il ne peut
« être transféré ensuite dans une maison d'arrêt
« ou de justice qu'en vertu du mandat délivré par
« l'officier de police. »

Art. 618. — « Dans le cas seulement où, par
« l'effet de l'absence de l'officier de police, le pré-
« venu arrêté en flagrant délit ne peut être entendu
« immédiatement après l'arrestation, il est déposé
« dans l'une des salles de la mairie, où il est gardé
« à vue, ou dans la chambre de sûreté de la ca-
« serne, jusqu'à ce qu'il puisse être conduit devant
« l'officier de police ; mais, sous aucun prétexte,
« cette conduite ne peut être différée au delà de
« vingt-quatre heures.

« L'officier, sous-officier, brigadier ou gen-
« darme qui a retenu plus longtemps le prévenu,
« sans le faire comparaître devant l'officier de po-
« lice, est poursuivi comme coupable de détention
« arbitraire. »

C.

Le Code pénal détermine quelles peines encourent les fonctionnaires ou divers agents du Gouvernement qui portent illégalement atteinte à la
liberté des individus; il dit aussi à quels châti-
ments s'exposent les simples particuliers qui retiennent ou séquestrent des personnes quelconques.

Un fonctionnaire public, un agent ou préposé du
Gouvernement, qui aura donné ou fait quelque acte
attentatoire à la liberté individuelle, sera condamné à la peine de la dégradation civique. (Article 114, premier paragraphe.)—Si c'est un ministre
qui a ordonné ou fait l'un de ces actes, il sera puni
du bannissement. (Article 115.)

Les fonctionnaires publics chargés de la police administrative ou judiciaire, qui auront refusé ou négligé de déférer à une réclamation légale tendant à constater les détentions illégales ou arbitraires, soit dans les maisons destinées à la garde des détenus, soit partout ailleurs, et qui ne justifieront pas les avoir dénoncées à l'autorité supérieure, seront punis de la dégradation civique et tenus des dommages-intérêts. (Article 119.)

Ces dommages-intérêts, et ceux qui pourront être prononcés à raison des attentats exprimés dans l'article 114, seront demandés, soit sur la poursuite criminelle, soit par la voie civile, et seront réglés, eu égard aux personnes, aux circonstances et au préjudice souffert, sans qu'en aucun cas, et quel que soit l'individu lésé, lesdits dommages-intérêts puissent être au-dessous de 25 francs pour chaque jour de détention illégale et arbitraire et pour chaque individu. (Article 117.)

Les gardiens et concierges des maisons de dépôt, d'arrêt, de justice, coupables de détention arbitraire, aux termes de l'article 120 du Code pénal,

seront punis de six mois à deux ans d'emprisonnement, et d'une amende de 16 francs à 200 francs.

Seront aussi punis de la dégradation civique les
procureurs généraux ou impériaux, les substituts,
les juges ou les officiers publics qui auront retenu
ou fait retenir un individu hors des lieux déterminés par le Gouvernement ou par l'administration publique. (Art. 122.)

Voilà pour l'arrestation; le jugement attentatoire illégalement à la liberté d'un individu n'a
pas échappé aux répressions du Code pénal.

Si un juge, prononçant en matière criminelle,
ou un juré, s'est laissé corrompre, soit en faveur,
soit au préjudice de l'accusé, il sera puni de la re-
clusion et d'une amende spécifiée. (Art. 177, 181.)
— Si, par l'effet de la corruption, il y a eu condamnation à une peine supérieure à celle de la reclu-
sion, cette peine, quelle qu'elle soit, sera appliquée au juge ou juré coupable de corruption.
(Art. 182.)

— Le Code pénal protége aussi, par les peines
qu'il édicte, l'inviolabilité du domicile.

Un emprisonnement et une amende puniront tout fonctionnaire de l'ordre administratif ou judiciaire, tout officier de justice ou de police, tout commandant ou agent de la force publique, qui, agissant en sadite qualité, se sera introduit dans le domicile d'un citoyen contre le gré de celui-ci, hors les cas prévus par la loi, et sans les formalités qu'elle a prescrites. (Art. 184.) — Il est à remarquer que l'article 184, rédigé en 1810, ne prononçait qu'une amende. La loi du 28 avril 1832, qui a mitigé tant de dispositions pénales, a montré qu'elle savait être sévère à propos. Elle a pensé que le Code ne protégeait pas suffisamment la liberté du domicile, et elle a inséré, comme nous venons de le voir, la menace de l'emprisonnement dans l'article 184.

Cet article ajoute : « Sans préjudice de l'application du second paragraphe de l'article 114. »

Nous connaissons déjà le premier paragraphe de l'article 114; que veut ce second paragraphe? Il reconnaît que la discipline hiérarchique est un fait pour la loi pénale. Il admet que l'homme qui obéit n'agit que par impulsion, et il empêche que l'obéissance ne soit dangereuse, puisqu'il déclare que celui qui donne l'ordre est seul responsable. Cette exception au principe général de la responsabilité individuelle des actes personnels est établie au profit du fonctionnaire public, de l'agent ou préposé du Gouvernement, du fonctionnaire de l'ordre administratif ou judiciaire, de tout officier de justice ou de police, de tout commandant ou agent de la force publique, par les articles 114 et 184 du Code pénal, et selon les différentes circonstances prévues par ces articles. L'article 184 renvoie au second paragraphe de l'article 114. Voyons ce que dit ce second paragraphe en faveur de l'un ou de l'autre des divers fonctionnaires ci-dessus énumérés :

« Si néanmoins il justifie qu'il a agi par ordre
« de ses supérieurs pour des objets du ressort de
« ceux-ci, sur lesquels il leur était dû obéissance
« hiérarchique, il sera exempt de la peine, la-
« quelle sera, dans ce cas, appliquée seulement
« aux supérieurs qui auront donné l'ordre. »

— Le Code pénal, dans ses articles 341, 342, 343 et 344, fixe les peines encourues par les individus qui, sans ordre des autorités constituées, et hors les cas où la loi ordonne de saisir des prévenus, auront arrêté, détenu ou séquestré des personnes quelconques.

Le second paragraphe de l'article 184 prononce la peine de tout individu qui se sera introduit, à l'aide de menaces ou de violences, dans le domicile d'un citoyen.

— La liberté individuelle, le domicile, trouvent ainsi, dans les Codes criminels, une protection sincère, et contre les abus de pouvoir des agents de l'autorité, et contre les violences des simples particuliers. Comment cette protection inscrite dans la loi passe-t-elle dans les faits?

CI.

Lorsqu'un simple particulier pense que sa liberté a été lésée illégalement par un acte d'un agent de l'autorité, de quelle manière doit-il s'y prendre pour que sa plainte soit entendue et produise quelque effet?

Nous savons que l'article 75 de la Constitution du 22 frimaire an VIII est ainsi conçu :

« Les agents du Gouvernement, autres que les « ministres, ne peuvent être poursuivis pour des « faits relatifs à leurs fonctions qu'en vertu d'une « décision du conseil d'État. En ce cas, la pour- « suite a lieu devant les tribunaux ordinaires. »

En dehors de cette procédure longue, éloignée, difficile, le Code d'instruction criminelle indique deux moyens de recours.

Le premier, c'est la plainte au supérieur hiérarchique. Ce moyen est indiqué par l'article 279 de ce Code, lorsqu'il dit :

« Tous les officiers de police judiciaire, même « les juges d'instruction, sont soumis à la surveil- « lance du procureur général.

« Tous ceux qui, d'après l'article 9 du présent « Code, sont, à raison de fonctions, même admi- « nistratives, appelés par la loi à faire quelques

« actes de police judiciaire, sont, sous ce rapport
« seulement, soumis à la même surveillance.

Ainsi, le procureur général d'un ressort a qualité pour écouter toutes les plaintes contre tous les officiers de police judiciaire de ce ressort. Mais son action est purement disciplinaire.

Le second des moyens placés par le Code d'instruction criminelle entre les mains de ceux qui pensent avoir à se plaindre de quelque acte violant la liberté civile, c'est la prise à partie. Mais ce moyen ne peut être employé que dans les cas où la prise à partie est expressément prononcée par la loi. (Art. 505, 2°, du Code de procédure civile.)

En cas d'inobservation des formalités prescrites pour les mandats de comparution, de dépôt, d'amener et d'arrêt, le juge d'instruction et le procureur impérial peuvent être pris à partie s'il y échet. (Article 112 du Code d'instruction criminelle.)

Les témoins, par leurs dépositions, ont sur la liberté du prévenu une influence qui peut être absolue. Aussi le Code d'instruction criminelle prend à leur égard les mesures les plus circonspectes dans ses articles 74, 75, 76. Si les formalités prescrites par ces trois articles ne sont pas remplies, le juge d'instruction peut être pris à partie. (Art. 77 de ce Code.)

Enfin, l'article 271 du même Code indique un cas de prise à partie contre le procureur général.

Une voie de poursuite aussi grave est soumise à d'autres formalités que toute action de droit commun.

La prise à partie contre quelqu'un des membres des tribunaux de première instance sera portée à la Cour impériale du ressort. (Art. 509 du Code de procédure civile.) — Aucun juge ne pourra être pris à partie sans permission préalable du tribunal devant lequel la prise à partie sera portée. (Article 510 du même Code.) — Ou la requête présentée par la partie plaignante, pour obtenir cette permission, sera rejetée, ou bien elle sera accueillie favorablement. Si la requête est rejetée, la partie sera condamnée à une amende qui ne pourra être moindre de 300 francs, sans préjudice des dommages et intérêts. (Art. 513 du Code de procédure civile.) — Si la requête est admise, c'est-à-dire si la permission sollicitée est accordée, la prise à partie sera portée et plaidée par-devant la Cour impériale siégeant en audience solennelle. (Art. 22 du 30 mars 1808.) — Si la partie poursuivante perd son procès, si le demandeur est débouté, il sera condamné à une amende qui ne pourra être moindre de 300 francs, sans préjudice des dommages et intérêts. (Art. 516 du Code de procédure civile.)

CII.

Je termine ici tout ce que je voulais dire sur les lois criminelles qui réglementent le principe de l'indépendance civile.

Nous avons vu, en premier lieu, quels fonctionnaires sont investis du droit d'ordonner une arrestation ; ensuite, ce que deviennent les individus arrêtés pendant que l'instruction du procès se pour-

suit; en troisième lieu, ce qui regarde les jugements ; enfin, quelles sont les voies de recours ou-
vertes contre les abus de pouvoir.

Nous avons fait ainsi la réponse à la question indiquée dans le paragraphe X, et que je rappelle :

« Comment les lois actuelles ont-elles compris
« et appliqué le principe de la liberté civile? »

Nous tenant à l'étude des dispositions renfermées
dans le Code d'instruction criminelle, et ne recourant à d'autres documents que dans les cas strictement nécessaires, nous avons signalé, par un
exposé rapide, comment le fait répondait à l'idée.

Sans chercher à composer un cours sur un
aussi vaste sujet, nous avons indiqué les points
principaux de législation qui s'y rapportent, de manière à ce que tout le monde puisse se rendre
compte des prescriptions auxquelles obéissance est
due. J'ai tenu principalement à écrire avec clarté
et à établir des divisions permettant, à celui qui
n'est pas très-familiarisé avec les études juridiques, de suivre sans peine le sujet.

Chacun peut juger par lui-même du caractère

particulier de la loi, et se dire si cette loi lui semble excellente ou imparfaite. **A** quelque opinion que l'on se rattache, n'oublions pas que nous devons à la loi, telle que les textes la posent, non pas seulement la soumission, mais encore le respect, la plus profonde déférence.

CHAPITRE III.

CE QUI N'EST PAS.

CIII.

Celui qui exerce la profession d'avocat, même depuis peu d'années, voit quels ravages la détention produit sur l'homme. Un individu, jusque-là dans une situation honorable, aisée, habitué à vivre à l'air libre, suivant le gré de sa fantaisie ou les exigences de ses affaires, est mis en prison par mesure préventive. S'il reste détenu pendant plusieurs mois, il devient méconnaissable. La figure pâle, amaigrie, les yeux ternes et baissés, les vêtements mal en ordre, ce n'est plus le même homme que ses amis retrouvent, s'il leur est permis de le visiter.

Grand Dieu! quelle transformation. Dans une salle étroite, froide, qui ne reçoit le jour que par une fenêtre grillée, et où la pierre des murs apparaît à nu, il est affaissé plutôt qu'assis sur un banc. Comme tout son être paraît abattu et défait! Le voilà cet homme, si peu auparavant heureux, résolu et fort. Cependant les maux ordinaires de la nature l'ont respecté; ce n'est pas la maladie qui l'a fait ce qu'il est. Une seule chose est venue, la détention; mais, avec elle, tout son cortége de chagrins, d'inquiétudes, de honte, d'isolement, de privations, d'immobilité, d'étouffement. Quelques semaines seulement, et il ne marche plus qu'en se traînant, celui-là même que la jeunesse n'a pas encore quitté; quelques semaines, et ses cheveux ont blanchi, sa taille s'est courbée, son visage s'est creusé. En vérité, c'est une demi-mort!

Et quelquefois cet homme est innocent; quelquefois, après que les témoins sont entendus à l'audience, le ministère public, dans son exquise loyauté, déclare qu'il abandonne l'accusation.

Quand l'inculpé apprend que la vérité s'est fait

jour, que la conscience de ses concitoyens lui rend justice, qu'il est libre, son ravissement peut-il effacer, racheter touts ses chagrins et toutes ses anxiétés? Si quelque chose pouvait faire que le passé n'ait pas existé, la joie des individus rendus à la liberté réaliserait ce prodige, tant cette joie a toujours de sincérité, de violence. Elle est la contre-partie de cette poignante douleur de la détention préventive.

Est-ce que cette douleur ne pourrait pas devenir moins longue et moins fréquente?

CIV.

Le principe de la détention préventive doit être admis dans certaines circonstances, soit; mais, si les lois acceptent ses dures exigences, que rien au moins ne soit épargné pour que son application soit restreinte aux cas où elle est absolument indispensable. Plusieurs écrivains ont étudié le principe en lui-même, et peut-être en est-il qui l'ont discuté.

Bornons-nous à indiquer, sans plus de détails, que la question est jugée. L'intérêt de la vie même du corps social force d'admettre certaines mesures qui peuvent être considérées comme rigoureuses en certains cas, mais dont la disparition causerait trop de mal. Le maintien de pareilles institutions empêche plus de larmes qu'il n'en fait couler. La détention préventive est regardée aujourd'hui comme une de ces institutions nécessaires. Que deviendrions-nous si elle ne venait pas au secours de la justice ! la loi pénale serait réellement désarmée.

Mais la nécessité seule qui justifie l'adoption du principe doit légitimer son application.

Il convient en effet de ne pas oublier ce que c'est en réalité que la détention préventive, et de ne pas perdre de vue sa nature et ses effets. — De sa nature, elle n'est qu'un emprisonnement sur hypothèse; l'inculpé est considéré comme innocent, jusqu'à ce qu'un tribunal l'ait déclaré coupable. — Par ses effets, elle ne diffère guère d'une peine véritable : ayons la franchise de le dire, et qu'on ait le courage de l'entendre.

En droit, rien de déshonorant ne s'attache à la détention préventive, cela est vrai ; mais quelle différence sérieuse peut-on indiquer, en fait, entre la situation d'un condamné et celle d'un individu détenu préventivement ? N'est-ce pas même privation de liberté, même chagrin, même rupture avec la famille, les affaires ? Si, d'un côté, le condamné n'est pas soutenu par l'espérance, de l'autre, il n'est pas dévoré par l'incertitude. En résultat, entre les deux situations, il n'est qu'une différence : c'est que l'une d'elles ne résulte pas d'une décision émanant d'un tribunal. — De plus, il est permis de dire que, dans une certaine partie de la population, où le savoir n'est que peu répandu, où la physionomie exacte d'un fait éloigné se saisit rarement, l'homme qui sort de prison est mal vu pendant longtemps. Tout ce monde a peine à se familiariser avec cette idée, qu'un homme peut être emprisonné pendant plusieurs mois sans qu'il soit un malfaiteur.

Ainsi, en faveur de l'intérêt de la société, qui exige la détention d'un individu par mesure préventive, cet individu perdra ses jours, sa paix, et quelquefois sa fortune, sa réputation.

Que faire pour que ce désastre privé se reproduise rarement; et surtout, comment s'y prendre pour soutenir des idées sur un sujet d'un si haut intérêt? Revenir sur certains articles des Codes criminels serait s'exposer à des redites ennuyeuses. Qu'on nous permette de présenter quelques phases d'un système pris abstractivement.

CV.

Supposons que, sous un coup de sa baguette magique, un enchanteur vienne rendre au monde l'Atlantide, ce continent disparu sous les eaux et que les hommes des premiers temps découvraient, dit-on, du haut des Colonnes d'Hercule; que cette terre ressuscitée reparaisse telle qu'elle était au moment où elle s'est engloutie; qu'elle porte des habitants, des villages, des villes, avec des magistrats, une administration, un gouvernement; que les chefs retrouvent des armes dans les arsenaux, des soldats sur les remparts, des vaisseaux dans le port ; et qu'en un mot, il ne manque au présent, pour continuer le passé couvert par des milliers d'années, qu'une seule chose : des lois écrites, et spécialement des lois sur l'indépendance civile.

Comment faudrait-il rédiger ces lois pour que les droits de la nature soient respectés par les exigences sociales, sans que la vie sociale s'en trouve compromise, et pour que, au point de vue des institutions civiles, l'autorité, la liberté vivent côte à côte? Les hommes éminents le savent ; nous voudrions les engager à le dire en appelant leurs critiques sur un système de législation dont nous essayons de donner l'esquisse.

—D'abord qu'il soit convenu que l'organisation des tribunaux, les dénominations des magistrats seront, dans notre nouveau monde, les mêmes qu'en France.

CVI.

Nous l'avons dit, la détention préventive est considérée comme une nécessité que les associations civiles et politiques modernes doivent accepter si elles veulent vivre : on la retrouvera chez notre nouveau peuple. Mais quelles personnes pourront être arrêtées et pour quelles causes? C'est là le premier point qu'il importe d'indiquer.

CVII.

DE L'INCULPÉ DOMICILIÉ.

La thèse générale, c'est que le domicile sera toujours pris en grande considération, quand il s'agira de savoir s'il est nécessaire de se saisir d'un individu.

Le domicile n'est pas seulement le lieu où l'homme a son principal établissement; c'est l'asile où on le retrouvera. Le domicile fait naître cette union de l'homme avec les choses du dehors, avec une localité, une maison, des intérêts, des relations, union résultant du commerce ordinaire de la vie, et qui, pour la force, vient de suite après les liens de famille ou d'amitié. En dehors des nécessités d'affaires et de position qui le retiennent souvent malgré lui, l'homme est rattaché aussi, mais par une affection que le goût ou l'habitude amènent, au coin de terre qu'il habite, à la demeure qui lui est familière. Il importe de ne pas perdre de vue ce sentiment, inhérent à la nature de l'homme.

C'est cette idée qui fera la base d'un système dont l'adoption ne sera pas sans utilité.

Pour quelles raisons avons-nous fait entrer dans notre Code purement idéal le principe de la détention préventive? où est l'intérêt de mettre un prévenu sous la main de la justice? Tout le monde sait et peut répondre que la détention préventive a pour but d'empêcher qu'un individu, soupçonné d'être l'auteur d'un crime ou d'un délit, ne puisse se soustraire à une juste expiation. Voilà l'idée unique ; il n'y en a pas d'autre. On veut s'assurer de la personne, de peur que la fuite ne mette le coupable à l'abri.

Nous obéirons à cette idée, mais nous n'irons pas au delà. Nous empêcherons la fuite, quand cette fuite peut paraître possible, voilà tout.

Ainsi on aura le droit de mettre en détention préventive l'individu suspecté d'être l'auteur d'un fait emportant une peine grave, une peine afflictive ou infamante, ou même une peine correctionnelle d'une certaine importance. On comprend qu'un individu qui se sait exposé à subir la peine de mort, des travaux forcés, ou même de plusieurs années de prison, cherche par tous les moyens, et principalement par la fuite, une impunité qui serait déplorable, et que les institutions doivent s'efforcer d'empêcher. Mais, en beaucoup d'autres circonstances, pour des délits d'une importance minime, peut-on craindre raisonnablement qu'un prévenu, dans une certaine situation, va songer à prendre la fuite ? Si cette crainte n'est pas admissible, notre Code supprimera dans ce cas le droit d'arrêter préventivement.

Ainsi un individu domicilié, un propriétaire, un commerçant, vivant au milieu d'une famille considérée, tombe sous le coup d'une inculpation de peu de gravité et qui entraînera quelques jours de prison ; peut-on supposer que cet homme va tout à coup abandonner ses intérêts et ses affections, pour se soustraire à une peine dont la durée sera minime ? Le même raisonnement sera présenté avec justesse à propos d'un artisan domicilié, établi ; à propos du plus humble des laboureurs domicilié dans la ferme qu'il cultive. Presque jamais ces individus ne songeront à fuir quand ils n'auront à craindre qu'un châtiment léger.

Fuir, c'est s'attirer une condamnation plus sévère, puisqu'on ne se défend pas, et puisque, à un premier délit, on ajoute le manque de soumission à la loi. — Se cacher, s'éloigner pendant plusieurs années, c'est un châtiment plus dur qu'un emprisonnement de quelques jours. Il nuira davantage aux affaires d'intérêt. — Le déshonneur au surplus sera le même.

Parlerons-nous de la famille, des amis ? Si la

condamnation ne les éloigne pas, ce n'est pas la prison qui les éloignera davantage ; et si, au contraire, la condamnation a quelque chose de réellement infamant, la fuite ne fera rien pardonner.

Quelquefois il s'agira d'une simple satisfaction donnée à la loi, comme à propos d'une blessure faite par imprudence. (Voir le paragraphe **LI.**) Aucun de ceux que nous avons indiqués ne songerait à fuir dans ce cas ; et alors, pourquoi la possibilité de la prévention ? Aussi, en pareille matière, nous ne l'admettons pas dans l'Atlantide. La détention préventive ne serait appliquée que rarement, je le sais ; mais elle pourrait l'être toujours, et nous ne pensons pas que ce soit nécessaire. Le mal qu'elle pourrait faire n'aurait point de proportion avec le bien qu'on lui devrait.

Grâce à notre système, on verra très-rarement des prévenus subir quinze jours, trois semaines de détention préventive avant de s'entendre condamner à quelques jours de prison, parfois à une amende ; rarement la précaution sera plus douloureuse que le châtiment.

CVIII.

Jusqu'où s'étendra le privilége que nous établissons en faveur du domicile? dans quels cas un inculpé domicilié ne pourra-t-il pas être arrêté préventivement? Nous avons dit qu'un individu domicilié ne subira jamais de détention préventive, lorsqu'il s'agira d'un délit peu grave, n'entraînant qu'une peine légère, et à laquelle on ne peut pas être tenté de se soustraire par la fuite.

Mais qu'appellera-t-on un délit grave?

Il faut une détermination fixe dans les lois. Quand il s'agira de déterminer la gravité d'un délit, c'est la pénalité que nous regarderons. Quelle peine est assez grave pour qu'un homme domicilié puisse songer à l'éviter en fuyant?

Il est impossible d'évaluer logiquement, et avec une précision mathématique, à quel point l'influence du domicile agit sur les hommes, et à quel degré de châtiment elle peut faire équilibre! Nul ne connaîtra non plus rigoureusement jusqu'où peut aller l'idée de l a soumission à la loi. En pareille thèse, un certain arbitraire trouve nécessairement sa place. Mais, puisque nous voulons soustraire aux exagérations de la détention préventive les inculpés domiciliés, une fixation quelconque vaut mieux que l'absence de toute fixation.

Nous déciderons qu'un délit sera considéré comme légalement grave, lorsqu'il entraînera une peine d'au moins trois mois de prison. Et ainsi, tout individu *integri statûs* et domicilié, qui se trouvera sous le coup d'une inculpation ne l'exposant pas à un emprisonnement de trois mois, ne pourra pas être arrêté préventivement.

Cette mesure sera infiniment salutaire, car les délits minimes sont toujours de beaucoup plus fréquents que les grands crimes, que les attentats retentissants. Se répandant sur un plus grand nombre, le bienfait sera journellement apprécié, et, pour être douce, la loi n'en sera pas moins efficace.

CIX.

Ce bienfait de la loi sera suspendu toutes les fois que la précaution de la détention préventive paraîtra nécessaire, par exemple quand il s'agira de s'assurer de la personne de certains individus n'offrant de garanties d'aucune espèce. Cette exception découle d'elle-même de la manière dont nous avons posé le principe.

Ainsi, il va de soi que les individus dont l'identité n'est pas constatée, et ceux passant leur existence à errer çà et là, sans feu ni lieu, à parcourir les campagnes, à vivre sur les grands chemins, pourront être arrêtés dès qu'un délit leur sera reproché. Où les retrouver, si la justice ne les gardait pas sous sa main?

De même, nous l'avons déjà indiqué, les repris de justice ne jouiront pas du bénéfice légal; leur perversité, constatée par une condamnation grave, rendra la défiance nécessaire.

CX.

Revenons au plus grand nombre, aux hommes connus honorablement, domiciliés, établis dans une résidence fixe. Posons la règle générale qui sera suivie, si quelque fait répréhensible leur est imputé.

En matière correctionnelle, lorsque, dans l'Atlantide, un homme *integri statûs* et domicilié sera poursuivi pour un délit, il ne sera pas arrêté si ce délit ne l'expose pas à un emprisonnement de trois mois. Un individu sur cent songera peut-être à fuir en pareil cas ; ce n'est pas une raison suffisante pour appliquer la détention préventive et ses souffrances à tous les autres prévenus. — Si, au contraire, il s'agit d'un fait pouvant entraîner trois mois de prison ou plus, le magistrat sera maître d'ordonner l'arrestation ou de laisser le prévenu en liberté.

En matière criminelle, lors de poursuites dirigées contre un individu pour un fait de nature à entraîner peine afflictive ou infamante, le coupable sera-t-il détourné de fuir, par les raisons que nous avons données précédemment? Le doute est souvent permis; la gravité du méfait, l'importance de la peine, troublent et excitent à la fuite. Le magistrat sera investi du droit d'arrêter préventivement, s'il le juge à propos, l'individu soupçonné d'être l'auteur d'un crime, à moins toutefois que la peine ne puisse pas être autre que le bannissement.

CXI.

DU MANDAT D'ARRÉT.

Venant à ce qui regarde les ordres en vertu desquels la détention préventive sera infligée, nous disons que le mandat d'arrêt ne subsistera plus.

Suivant le système de procédure criminelle organisé par la loi du 7 pluviôse an IX, le mandat d'arrêt apparaissait nécessairement dans le cours de l'instruction d'une affaire, lorsque des charges s'élevaient contre l'inculpé. Il marquait, en quelque sorte, une seconde phase du procès, et ce mandat d'arrêt succédait de droit au mandat de dépôt. (Art. 7 et 15 de la loi du 7 pluviôse an ix.)

La volonté de cette loi de pluviôse n'est pas conservée; le mandat d'arrêt ne doit pas intervenir nécessairement dans le cours de l'instruction d'un procès. Lorsqu'un individu est mis sous la main de justice en vertu d'un mandat de dépôt, ce mandat produit effet, tant que la détention préventive a besoin d'être maintenue.

Par conséquent, il n'est pas besoin d'un moyen de procédure de plus. La pratique démontre bien que ce moyen est pour ainsi dire inutile, puisque le mandat d'arrêt n'est décerné que rarement.

Il ne le sera jamais chez notre nouveau peuple.

Que peut-il vouloir? C'est qu'un individu désigné puisse être gardé, tant que le jugement ne sera pas prononcé; ce résultat sera obtenu par l'emploi du mandat de dépôt. Que peut-il vouloir encore? C'est que la liberté d'un individu ne soit pas supprimée préventivement, et d'une manière jusqu'à un certain point irrévocable, par la volonté unique d'un homme décidant seul. Ces désirs seront satisfaits par la disparition du mandat d'arrêt. Le grand intérêt de l'indépendance civile ne dépendra jamais, pour beaucoup de temps, d'une décision prise en dehors de toute réunion de magistrats.

Quant au privilége du *Trésor* sur les biens des condamnés, pour les frais criminels, il ne sera pas difficile de lui assigner une date.

CXII.

DE LA LIBERTÉ PROVISOIRE.

Lorsqu'un individu aura été mis en détention préventive, il pourra demander la mainlevée du mandat de dépôt. Ce sera le moyen unique d'obtenir sa mise en liberté provisoire. Seulement, le pouvoir compétent, pour prononcer cette mainlevée, aura le droit d'exiger, quand cela sera jugé convenable, que le prévenu dépose une caution de se représenter quand il en sera requis.

Demander la mainlevée du mandat de dépôt,

voilà ce que pourra l'inculpé; le pouvoir appelé à statuer sur cette demande prendra l'un de ces trois partis : ou refuser la mainlevée ; ou l'accorder moyennant caution ; ou l'accorder purement et simplement.

Quelle que soit la nature du fait reproché, qu'il s'agisse d'un délit ou d'un crime, à quelque moment que l'on soit de l'instruction, la mainlevée du mandat de dépôt pourra être sollicitée et accordée.

L'autorité instituée pour en décider prendra en considération le fait, les charges déjà connues, la position de l'individu, sa fortune ou son dénûment, ses antécédents, sa moralité, tout ce enfin qu'elle croira devoir examiner, et elle prononcera ce qui lui semblera opportun; si, en accordant la mainlevée du mandat de dépôt, elle pense qu'une caution doit être exigée, elle en fixera le taux.

Sur une question si grave, quelle autorité décidera?

Conformément aux idées exprimées dans le paragraphe précédent, nous ne laisserons pas à un homme décidant seul un pouvoir d'où dépendent des intérêts de la plus haute importance.

Que le mandat d'amener, de dépôt, soit décerné par le juge d'instruction, par le procureur impérial, dans certains cas, rien de plus juste. Parfois tout dépend de la promptitude avec laquelle la justice s'assure de la personne d'un individu. Mais, lorsque des individus sont gardés en prison, lorsqu'il n'est aucun péril à prendre le temps d'examiner mûrement, c'est à une assemblée délibérante que la situation provisoire d'un inculpé sera remise.

C'est l'institution nouvelle, indiquée sous le nom de : *Chambre de protection*, qui jugera si la mainlevée du mandat de dépôt doit être ordonnée, et suivant quelles conditions elle doit l'être. Nous dirons au paragraphe **CXVIII** ce que sera cette Chambre de protection.

CXIII.

ATTÉNUATION.

Pour que tout adoucissement soit apporté au système de la détention préventive, nous établirons une combinaison destinée à améliorer le sort des condamnés qui auront subi une prévention.

Bien qu'une condamnation à une privation de liberté ne puisse être écartée, les magistrats peuvent cependant penser que, par suite des circonstances particulières du procès, ou à cause du caractère de l'inculpé, ou par tout autre motif, il y a lieu de réduire la peine qu'ils vont prononcer. Pour arriver à ce résultat, ils pourront tenir compte au condamné du temps déjà passé en prison. Ainsi, ils seront maîtres d'ordonner que tout le temps, ou bien seulement une partie du temps de la détention préventive, viendra en déduction de la peine, mais sans que jamais cette peine puisse être effacée tout entière par la détention préventive.

Par là, on rendra à la détention préventive son caractère réel et effectif. Elle n'est pas une peine, en droit, cela est vrai ; mais elle fait souffrir autant qu'un châtiment légal.

CXIV.

DU JUGE SUPPLÉANT.

Après avoir vu ce qui se rattache à la détention préventive en elle-même, il convient d'indiquer par qui cette détention pourra être ordonnée. On se rappelle le chapitre II et les fonctionnaires investis du droit d'arrestation dont il renferme l'ensemble. De tous ces fonctionnaires, il en est un dont les droits seront sensiblement diminués dans notre nouvelle contrée : c'est le juge suppléant.

Le juge suppléant ne pourra jamais y exercer les fonctions de juge d'instruction.

Ce pouvoir immense de l'instruction ne sera jamais remis à un autre qu'à un juge titulaire, par conséquent inamovible. Le caractère des juges titulaires, ces dépositaires sacrés de la justice, ces fonctionnaires toujours choisis uniquement en considération des services qu'ils doivent rendre toute leur vie à l'intérêt public, a été étudié avec la plus rigoureuse sévérité, puisque celui qui nomme ne peut pas revenir sur une erreur. La vertu, le caractère, le talent, scrupuleusement examinés et constatés, sont les titres qui mènent à une fonction inamovible. Ces qualités illustres, en même temps qu'elles attirent les regards de ceux qui instituent, font la protection, le salut du justiciable. C'est donc là que les plus grands pouvoirs judiciaires seront concentrés; le plus important, le plus énorme de ces pouvoirs, l'instruction des affaires criminelles, ne sera pas confié à d'autres mains.

Et pourquoi chercher ailleurs? On ne trouvera pas, dans l'Atlantide, des magistrats plus dignes de recevoir une telle autorité, plus capables de l'exercer habilement et saintement.

Cette autorité est d'autant plus puissante qu'elle est consentie par tout le monde et que nul ne songe à la contester. Les populations admettent avec assez de facilité cette idée, qu'un homme doit être mis entre les mains de la justice dès qu'il est soupçonné, avec quelque apparence de raison, d'être l'auteur d'un fait grave. Aussi il est bien rare que l'exécution d'un mandat de justice rencontre de la résistance; la confiance dans la droiture et dans la vertu des juges est absolue. On sait qu'une arrestation peut être ordonnée en dehors de la vérité, mais qu'elle ne l'est jamais sans bonne foi et sans le plus sincère désir d'arriver au vrai; que les magistrats sont esclaves de la loyauté; qu'ils sont indépendants, et qu'ils n'agissent que d'après leur conscience. Cette conviction de la loyauté, de l'indépendance de la magistrature, garantit aux ordres de la justice une complète soumission. Cette loyauté, cette indépendance, assurent la sécurité, la paix des individus.

Supposez qu'un chef, dans un moment d'erreur ou d'oubli, se permette d'adresser au juge d'instruction des injonctions que ce dernier trouvera injustes, incompatibles avec son devoir; qu'arrivera-t-il? Si le juge est inamovible, c'est-à-dire indépendant, il refusera d'obéir, se conformant par là au véritable caractère de sa fonction. Le juge titulaire est le magistrat dans la véritable acception du mot ; il ne peut jamais devenir le simple agent d'une volonté supérieure ; il représente la justice ; c'est lui qui applique le droit ; il est et reste avant tout l'agent de la nation, le mandataire du corps social.

Si l'instruction des affaires criminelles était confiée, dans l'Atlantide, à un magistrat amovible, à un juge suppléant, les justiciables pourraient s'imaginer qu'avec les juges suppléants de leur pays, la sécurité publique courrait des dangers dans des moments difficiles.

Un magistrat inamovible ne sacrifiera jamais ses véritables devoirs à la crainte d'être destitué. En des temps de bouleversements politiques, les menaces ne le feraient point pâlir ; par une résistance légitime, il défendrait ses concitoyens contre le triomphe passager d'une faction violente.

Ce n'est pas seulement en considération des droits des justiciables que le code de l'Atlantide ne permettra pas au juge suppléant d'instruire les

affaires criminelles; c'est aussi en vue de l'intérêt
de la magistrature inamovible dans ce pays; elle
y conservera toutes ses prérogatives.

La magistrature jouit là-bas, de même qu'en
France, d'une autorité, d'une considération sans
limites; pas une institution n'est entourée de plus
de respect, et ce respect est dû, non pas seulement
à ce que tous les rangs de la société sont soumis
aux décisions des tribunaux, mais encore à ce que
la magistrature est considérée par tout le monde
comme la plus courageuse, la plus efficace des pro-
tections envers et contre tout. On sait qu'il est
permis de compter sur son secours en toutes circonstances, et que le droit n'a point de trahisons
à redouter d'elle. Aussi, par une heureuse destinée, elle est forte, et en même temps elle est
aimée. Que peut-elle désirer de plus, sinon de
conserver son ascendant et sa grandeur? Si le public tout entier forme un vœu, c'est aussi que
cette prééminence ne soit pas diminuée.

Or, que penserait-on là-bas si la plus puissante
des attributions judiciaires pouvait passer aux

mains d'un fonctionnaire qui n'a pas l'inamovibilité, c'est-à-dire la qualité première d'une véritable magistrature dans le sens strict du mot?

Pour satisfaire aux désirs de notre nouveau peuple, la magistrature inamovible conservera intacte sa suprématie. Le droit qu'elle a seule d'instruire les affaires criminelles, elle l'exercera sans partage.

Nous avons dit que ce sentiment d'affection véritable qui se fait voir pour la magistrature avait sa source dans l'impartialité, les lumières, la fermeté, la vaillance de l'ordre judiciaire tout entier. La constitution particulière de l'État, les idées d'un peuple, y sont aussi pour quelque chose. En Angleterre, l'aristocratie et le Parlement, voilà les principales bases de l'organisation sociale. En Russie, le souverain est tout, le souverain seul. Dans notre empire sorti du fond de l'Océan, tout comme en France aujourd'hui, c'est le souverain qui passe en première ligne ; à côté de lui, se tient le juge.

Qu'il y ait une plainte à formuler, une faveur à

solliciter, une illégalité à signaler, un empiéte-
ment à repousser, qui invoquera-t-on? qui appellera-t-on? l'Empereur, ou le tribunal? — «Si l'Em-
« pereur le savait! » — Ou bien : « Les juges
« décideront. » Ainsi, d'un côté, l'expression vivante de la puissance; de l'autre, l'inamovibilité assurant l'application impassible de la loi.

Ne perdons point de vue ces tendances toutes
spéciales du sentiment public ; augmentons encore,
si cela se peut, la prépondérance de la magistrature inamovible; qu'elle tienne la balance entre les
intérêts les plus divers ; qu'elle soit comme le mo-
dérateur souverain de toutes les prétentions iniques ;
qu'elle forme enfin, dans le plus de circonstances
possibles, la plus solide barrière contre tous les
excès.

C'est par là que sera obtenue le plus efficacement la mise en vigueur pratique de cette maxime :
le salut dans les lois.

CXV.

Vraiment, nous ne trouvons pas dans l'Atlantide des raisons décisives pour faire admettre que les fonctions de juge d'instruction y seront conférées à un juge suppléant. L'âge avancé, la mauvaise santé des juges, ne paraissent pas des arguments sans réplique. Nous nous en tiendrons au système anciennement suivi en France.

Là, depuis 1808 jusqu'en 1852, l'instruction des affaires criminelles appartenait de droit et exclusivement aux juges titulaires; il ne semble pas irrévocablement démontré que, sous ce régime, l'administration de la justice ait traversé des moments de défaillance, ni que l'intérêt public ait rencontré une protection insuffisante. Remarquons cependant qu'à cette époque quelque faiblesse dans le service aurait eu son explication, puisque les magistrats pouvaient être plus âgés, et par conséquent plus valétudinaires qu'aujourd'hui. Avant le 1er mars 1852, en effet, les trois juges d'un tribunal d'arrondissement pouvaient arriver tous ensemble à une vieillesse extrême, et paralysant jusqu'à un certain point les forces de la justice. La sûreté publique, les affaires, n'ont plus à redouter d'être compromises.

Tout le monde sait qu'en vertu d'une décision législative assez récente, le décret du 1er mars 1852, les magistrats des tribunaux civils ont leur retraite à l'âge de soixante-dix ans. Le plus grand nombre conservera, jusqu'au jour fixé comme dernière limite, l'énergie intellectuelle dans un corps actif ; il se trouvera donc très-probablement, dans tous les tribunaux, un juge titulaire doué de la force physique exigée par le service de l'instruction.

Quant aux qualités morales nécessaires *pour une mission si délicate par sa nature, si importante par son objet*, nous dirons que là-bas, tout comme en France, la fermeté consciencieuse des magistrats, leur amour pour la justice, les soins prudents avec lesquels ils sont choisis pour juger leurs concitoyens, pour maintenir entre eux le bon ordre et la paix, sont des garanties qui commandent la confiance et qui n'ont jamais faibli.

Le dévouement des magistrats à l'intérêt public est bien connu; il est éprouvé par l'accomplissement long et toujours soutenu du devoir. Ni l'ennui des affaires, ni les difficultés d'une décision à prendre, ni la fatigue des recherches ne les rebutent; la corruption, la crainte, n'osent pas s'approcher de leurs vertus.

CXVI.

Au surplus, si l'on met en avant l'insuffisance du nombre des juges titulaires, dans un tribunal qui n'en a que trois, nous ferons observer que, dans l'Atlantide, le concours pour les fonctions de juge d'instruction s'établira sur un nombre moins restreint de magistrats. Le personnel des tribunaux de première instance ne sera pas aussi réduit; en effet, ainsi que nous le verrons plus en détail dans le paragraphe **CXX**, et notamment dans le paragraphe

CXXX, les juges titulaires, même dans les tribunaux de première instance de la classe la moins
importante, ne seront jamais moins de *quatre*.
Avec un personnel ainsi organisé, nous nous
donnerons la certitude de trouver partout un juge
titulaire assez actif pour se tenir au niveau de toutes
les exigences des devoirs de l'instruction.

Dans un seul cas, le juge suppléant pourra être
chargé d'instruire les affaires criminelles : c'est si
le juge d'instruction titulaire, et avec lui les autres
magistrats du tribunal, venaient à être absents,
malades ou autrement empêchés; mais on comprend
que le juge suppléant n'occupera ainsi le cabinet
de l'instruction que provisoirement et pour un
temps infiniment court. Son règne cessera dès
qu'il ne sera plus forcément nécessaire.

CXVII.

Il est de principe que, en général, un acte judiciaire, quel qu'il soit et de quelque part qu'il émane,

doit être soumis à un contrôle ; il n'est qu'une seule autorité dont les décisions échappent à une surveillance hiérarchique : c'est la Cour de cassation ; elle ne relève que de l'opinion publique. Au-dessous d'elle, toutes les résolutions judiciaires sont, en général, exposées à être attaquées, et trouvent elles-mêmes des juges.

Les ordres des fonctionnaires revêtus du droit d'arrestation ne peuvent pas échapper à cette loi commune ; l'importance du pouvoir que ces magistrats exercent est une raison de plus pour que leur volonté ne soit pas souveraine. Nous allons indiquer comment le contrôle de leurs décisions sera réglementé dans l'Atlantide.

CXVIII.

LA CHAMBRE DE PROTECTION.

Dans chaque tribunal de première instance, trois juges titulaires composeront une Chambre portant le nom de *Chambre de protection pour l'indépen-*

dance civile, et dont les audiences ne seront pas publiques. Cette Chambre surveillera tout ce qui regarde les arrestations, la détention préventive et les diverses phases de l'instruction préalable des affaires criminelles.

Dès ces premiers mots, quelqu'un peut dire : Mais vous transportez là-bas, purement et simplement, l'ancienne Chambre du conseil supprimée par la loi du 17 juillet 1856 ; ce que vous préconisez, c'est un système déjà mis à l'épreuve.

Je réponds que la Chambre de protection, si elle se rapproche de l'ancienne Chambre du conseil, parce qu'elle est composée de trois juges, s'en éloignera totalement, d'abord, parce que ces trois juges ne seront pas les mêmes que ceux formant jadis la Chambre du conseil ; ensuite, parce que leur manière de décider ne sera pas la même ; enfin, parce qu'ils auront d'autres attributions.

Je le démontre.

Quelle était la composition de l'ancienne Chambre du conseil? elle était composée de trois juges, y compris le juge d'instruction ; c'est ce que disait

l'ancien article 127 du Code d'instruction criminelle.

Comment, dans certains cas, étaient prises les
décisions de la Chambre du conseil? — Aux termes
de l'ancien article 133, lorsque *un seul* des juges
de la Chambre estimait que le fait reproché à l'inculpé était de nature à entraîner une peine afflictive ou infamante, c'était son opinion qui devait
être suivie. Les principes les plus élémentaires sur
la manière dont se forment les résolutions d'une
assemblée étaient ainsi manifestement violés; il
était inutile de convoquer trois juges, puisque la
volonté d'un seul d'entre eux l'emportait sur les
volontés de ses collègues : et notons que cette volonté unique pouvait être celle du juge d'instruction,
puisque nous savons, d'après l'article 127, que ce
magistrat faisait nécessairement partie de la
Chambre du conseil. Ainsi, le magistrat qui, dès le
début de l'affaire, a des doutes sur l'innocence
de l'inculpé, était le maître dans l'hypothèse spécifiée par l'article 133 ; par conséquent la Chambre
du conseil était véritablement annihilée, en certains

cas, par la manière dont la résolution devait être prise. Cette dérogation au droit commun de compter les votes ôtait aux fonctions de la Chambre du conseil une partie de leur importance.

Malgré elle, en quelque sorte, la Chambre devait décerner contre l'inculpé une ordonnance de prise de corps, et les choses suivaient leur cours absolument comme si le juge d'instruction avait toujours été seul chargé de toute direction; la chambre se trouvait réellement supprimée. C'est ce que la loi de 1856 a parfaitement compris, et elle n'a fait que simplifier et généraliser ce qui existait déjà en certaines occasions.

Nous affirmons que notre nouveau monde ne verra jamais une institution judiciaire fonctionnant comme le voulaient les anciens articles 127 et 133 du Code d'instruction criminelle.

Certes nous sommes partisan de tout ce qui doit assurer la plus grande somme possible d'indépendance civile, base principale de toute dignité, de tout bonheur; mais, à cause de ce que nous venons d'exposer, nous ne pouvons partager tous les regrets que la suppression de la Chambre du conseil en matière criminelle a causés récemment à quelques-uns. Le mode suivant lequel cette Chambre fonctionnait empêchait qu'elle ne rendît des services bien complets. La Chambre de protection que notre Code établit constituera, pour la liberté civile, un secours plus efficace.

CXIX.

La Chambre de protection sera composée de trois juges, mais jamais le juge d'instruction n'y siégera pour les affaires dont il aura connu. Jamais un magistrat ne sera exposé à y porter une opinion toute faite d'avance; les décisions seront prises par des juges restés totalement étrangers à l'instruction du procès, et dont l'âme sera entièrement dégagée de toute prévention; le président du tribunal présidera la Chambre de protection.

Les résolutions prises par cette Chambre seront toujours prises comme en toutes matières, et suivant le principe du respect dû à la majorité. Il n'est point de raison valable pour déroger au droit commun dans des circonstances importantes.

Les juges composant la Chambre de protection seront des juges titulaires ; les juges suppléants n'y siégeront que par exception, et dans le cas où la maladie, l'absence ou bien quelque autre cause empêcheraient accidentellement les magistrats inamovibles de remplir leurs fonctions.

CXX.

Ce mode de composition de la Chambre de protection rendra nécessaire que les tribunaux de première instance de la classe la moins importante comprennent quatre juges inamovibles. Nous avons déjà vu au paragraphe CXVI qu'un personnel ainsi organisé était utile, en ce que le concours s'établira sur un plus grand nombre de magistrats titulaires, quand il s'agira de choisir entre eux un juge d'instruction. Ce personnel de quatre juges aura encore pour effet, pour effet excellent, d'empêcher qu'un juge suppléant ne siége en permanence à la Chambre de protection.

Nous avons dit que cette Chambre sera nécessairement composée de trois juges titulaires, que le juge d'instruction sera nécessairement titulaire, et que, cependant, le magistrat qui aurait connu d'une affaire ne siégerait pas pour cette affaire à la Chambre de protection ; il y aura donc nécessairement un quatrième juge titulaire dans tous les tribunaux de première instance. Pour n'avoir que trois juges titulaires dans ces tribunaux, pour avoir un juge d'instruction titulaire, et pour écarter en même temps de la Chambre de protection le magistrat instructeur, il faudrait absolument qu'un juge suppléant vînt siéger à cette Chambre d'une manière permanente : or, nous n'établirons cette permanence à aucun prix.

CXXI.

Voilà pour la composition de la Chambre de protection et pour la manière dont les votes y seront comptés. Ce n'est pas du tout ce que nous avons vu dans l'ancienne Chambre du conseil; de plus, entre les attributions de l'ancienne Chambre du conseil et celles de notre Chambre de protection, les différences sont considérables.

Nous nous garderons bien de signaler une à une toutes les attributions de l'ancienne Chambre du conseil; les lois mortes n'intéressent que médiocrement. Nous nous contenterons de poser toutes les attributions de la Chambre de protection; il sera facile de voir tout ce qu'elle aura de plus que la Chambre supprimée.

La première protection de la liberté civile doit être établie à côté du magistrat qui ordonne la mise en arrestation; plus le contrôle est voisin et prompt, plus la protection est efficace. Notre nouvelle Chambre pourra, par la nature même des choses et mieux qu'aucune autre autorité, intervenir dans l'instruction des affaires criminelles.

Ses attributions se divisent en deux classes bien distinctes : l'une comprend tous les actes formant partie intégrante de l'instruction , l'autre toutes les fonctions de pure surveillance.

Dans la première classe, nous trouverons que les pouvoirs de la Chambre de protection portent sur les demandes en mainlevée du mandat de dépôt, et sur la mise au secret : d'une part, l'allégement de la mise en détention préventive, de l'autre, son aggravation.

CXXII.

MAINLEVÉE DU MANDAT DE DÉPOT.

Quand un individu est mis en état de détention préventive, sa première plainte, son premier recours, sont portés devant la Chambre de protection. S'il pense qu'il a été arrêté sans raison valable, sans motifs suffisamment graves, refusant d'accepter sans résistance la décision du magistrat instructeur, il proteste ; il demande que le mandat de dépôt en vertu duquel il est détenu soit levé, que la liberté dont il n'a pas démérité lui soit rendue.

Il promet de comparaître à jour exact devant ses juges; s'il a quelque bien, il offre une caution; s'il est pauvre, ses antécédents, sa moralité, parlent pour lui. Puisque le mandat d'arrêt sera supprimé, la décision du magistrat qui aura ordonné une arrestation sera toujours soumise à un contrôle, et ce contrôle pourra être provoqué dès le jour où l'arrestation aura été ordonnée, si l'inculpé juge à propos de ne pas attendre qu'un commencement d'instruction ait amené plus de lumière.

Nous avons dit par qui sera jugée la protestation de l'individu arrêté, par qui sera décidé si sa demande est formée à juste titre.

Ce ne sera pas le juge d'instruction qui a décerné lui même le mandat de dépôt dont on se plaint; ce sera la Chambre de protection. Elle prendra un aperçu exact des choses, de l'état du procès, et sa décision contrôlera en premier ressort la décision du juge d'instruction. Je comprends que le Macédonien, qui en appelait de Philippe ivre à Philippe à jeun, devait obtenir une décision nouvelle; mais ses chances n'auraient pas été les mêmes, s'il en avait appelé simplement de Philippe à Philippe.

Le système ici présenté évitera au juge d'instruction de grands embarras; décidant seul, ce magistrat hésiterait souvent à accorder la mainlevée du mandat de dépôt qu'on lui demanderait; il pourrait craindre que sa responsabilité ne soit compromise, si l'inculpé s'enfuit, et qu'on ne lui reproche d'avoir laissé échapper à la légère un malfaiteur. Ces préoccupations n'arrêteront jamais la Chambre de protection, puisque la responsabilité sera partagée.

De plus, tous les dangers des influences locales seront évités; le juge d'instruction n'aura pas à redouter d'obsessions. Une fois le mandat de dépôt décerné, il ne dépendra pas de lui de le lever ni de le maintenir; les sollicitations ne se tourneront pas de son côté, puisqu'elles ne pourront avoir aucun effet. La chambre de protection sera à l'abri de tout embarras à ce sujet, comme toute assemblée qui décide à la majorité.

Ainsi que nous l'avons dit au paragraphe CXII, lorsque la Chambre accordera la mainlevée du

mandat de dépôt, elle décidera si une caution doit
être ou ne doit pas être exigée.

CXXIII.

LE SECRET.

Un homme décidant seul ne sera pas le maître
souverain et absolu de garder au secret un inculpé.
C'est justement lorsque la résolution est d'une haute
gravité qu'elle a le plus besoin de contrôle; et
quoi de plus grave que le secret?

Qu'un juge d'instruction puisse ordonner que tel
individu sera mis au secret, ce droit se comprend et
s'explique. La bonne administration de la justice
peut avoir intérêt à ce qu'un homme soit, sur-le-
champ, soustrait à toute communication possible
avec le dehors; mais, quand cette mesure, que la
nécessité justifiera, a été prise par le juge d'instruction, il n'est plus nécessaire que la seule autorité, la seule volonté d'un magistrat unique, garde

un homme dans l'isolement absolu et terrible que nous avons signalé au paragraphe XCI.

Dans l'Atlantide, un magistrat décidant seul n'aura pas un pareil droit; dès qu'une mise au secret y aura été ordonnée, la Chambre de protection en sera instruite sur-le-champ. L'opinion des trois juges composant cette Chambre contrôlera l'opinion du juge d'instruction, et leur volonté, prise après une mûre et solennelle délibération, l'emportera sur une volonté unique. La Chambre de protection décidera si le secret sera maintenu, si au contraire il doit être levé.

Si elle pense que le secret doit être maintenu momentanément, elle sera tenue de suivre de près l'instruction et le procès; elle conserve le droit de mettre fin, quand elle le jugera convenable, à ce supplice moral de la séquestration absolue.

Si un malheureux était enfermé depuis plusieurs semaines, seul avec ses pensées et ses inquiétudes, son esprit pourrait jusqu'à un certain point se perdre dans des divagations. Parfois, il s'imaginerait qu'une hostilité haineuse le garde séquestré sans cause valable, et qu'on tient à le faire souffrir ; ou bien qu'un caractère sans énergie cède à une pression venant je ne sais d'où, et qu'on supprime du commerce de la vie un être dont les plaintes, les cris, la défense même, pourraient compromettre des intérêts jusque-là hors de cause. Ces suppositions iniques, ces interprétations odieuses qui insulteraient la grandeur de la justice, mais qui seraient excusables, puisqu'elles viendraient d'un cerveau troublé, ne se produiront pas si l'inculpé sait que sa destinée dépend d'un tribunal qu'il ne s'avisera jamais d'accuser de partialité, de haine, ou de crainte.

De plus, quel que soit le désordre où le jettent la douleur et l'anxiété, soutenu par la certitude qu'une réunion de magistrats s'occupe de lui, il ne pourra jamais en venir à cette idée, la plus cuisante, la plus terrible, la plus dissolvante, à l'idée qu'il est oublié.

CXXIV.

La deuxième partie des attributions de la Chambre de protection pour l'indépendance civile comprendra tout ce qui regarde la surveillance de la procédure criminelle et des mesures qui s'y rattachent.

Certainement la Chambre n'aura pas le droit d'intervenir directement dans l'instruction d'un procès, d'ordonner telle mesure ou d'interdire telle autre, de diriger ou de contrecarrer la manière de faire du juge d'instruction; non, accorder de tels pouvoirs à la Chambre de protection, ce serait la substituer au juge d'instruction, et rien ne serait plus détestable et plus contraire au principe qu'un seul doit agir. Décider sur la mainlevée du mandat de dépôt et sur le maintien du secret, c'est tout ce que la Chambre de protection aura le droit de faire pour reviser un acte du juge d'instruction.

En quoi consistera donc cette surveillance dont nous investirons la Chambre de protection?

CXXV.

ARRESTATION.

Dans les trois jours qui suivront l'emprisonnement, l'inculpé comparaîtra devant la Chambre de
protection ; en sa présence, la Chambre examinera
les pièces en vertu desquelles l'arrestation a été
ordonnée. Il arrive le plus souvent qu'un inculpé
n'est pas à même de savoir si l'ordre qu'on lui présente, et auquel on le somme d'obéir, est rédigé
conformément aux prescriptions de la loi, et s'il
émane d'un magistrat ayant le droit de le donner.
La Chambre fera cette vérification; c'est elle qui
verra si le mandat est en tous points légalement
décerné.

Nous disons ici que le mandat de dépôt devra
contenir l'énonciation du fait incriminé et la citation de la loi qui le déclare punissable.

La Chambre entendra l'inculpé dans ses plaintes,
s'il en avait à formuler sur la manière dont l'ar-

restation elle-même a été opérée. Si l'agent ne s'est pas abstenu de toute violence, si l'inculpé a été maltraité, s'il a été saisi chez lui la nuit, en dehors des cas spécifiés par la loi, s'il a été arrêté·pour un fait qui ne peut pas être puni de trois mois de prison, la Chambre écoutera toutes déclarations et consignera toutes doléances légitimes.

La Chambre demandera si l'inculpé, après avoir été arrêté, a été conduit, comme il devait l'être, par-devant le magistrat, s'il n'a pas été retenu trop longtemps dans la chambre de sûreté ou ailleurs.

Elle saura si l'inculpé a été interrogé dans les délais voulus, s'il n'a pas été retenu plus qu'il ne convient en vertu d'un mandat d'amener.

Comment tous ces détails pourraient-ils jamais être révélés, connus et contrôlés, si, de suite après l'événement, un pouvoir tutélaire ne venait pas s'inquiéter de la manière dont les lois sont exécutées, et si un long temps se passe avant que les faits soient vérifiés.

La Chambre demandera encore si les distinctions voulues par les lois et ordonnances concernant

les maisons d'arrêt, de justice et de peine, ont
bien été observées, si l'inculpé n'a pas été enfermé
avec des condamnés.

Tous ces premiers actes de l'autorité judiciaire
se rapportant à l'arrestation d'un individu doivent
être minutieusement examinés, contrôlés, car les
formalités dont la loi les entoure sont des sûretés dont l'indépendance civile a le droit de réclamer le bénéfice, quel qu'il soit. Grâce à la surveillance de la Chambre de protection, aucune illégalité,
aucune irrégularité, même légère, ne passera ina-
perçue et sans attirer une réprimande sévère à
quiconque aura trahi ses devoirs. Une faute légère,
quand il est question de l'indépendance civile, a
toujours des conséquences si graves que le moindre
manquement à la loi sera immédiatement et rigoureusement relevé. Cette investigation exacte,
prompte surtout et impitoyable, préviendra toute
atteinte contre un droit sacré.

Lorsque la Chambre de protection aura pris
connaissance des premiers documents du procès,
lorsqu'elle aura entendu l'inculpé dans ses dires,

dans ses plaintes, si elle pense que quelque formalité légale a été négligée, qu'il a été fait plus qu'on n'avait le droit de faire, ou qu'il n'a pas été fait tout ce qu'on devait faire, qu'enfin le principe de la liberté civile a été méconnu, a souffert d'une façon ou d'une autre, c'est la Chambre de protection elle-même qui dénoncera au procureur général le fait répréhensible ; elle aura aussi le droit de déférer directement au ministre de la justice, si elle pense que ce soit nécessaire, l'acte qu'elle jugera illégal et attentatoire à la liberté des individus.

CXXVI.

INSTRUCTION.

Après cet examen des premiers pas du procès, la Chambre de protection exercera un droit de surveillance sur la manière dont l'instruction de l'affaire se poursuit. Cette surveillance rendra aux inculpés les plus efficaces et les plus nombreux services.

La chambre aura le droit de se faire remettre, toutes les fois qu'elle le jugera convenable, le dossier de la procédure; elle verra si l'instruction ne traîne pas en longeur, si toute l'activité désirable y est apportée; elle empêchera qu'aucun retard dans la marche du procès ne vienne reculer le moment où l'inculpé aura droit à la liberté ou bien à des juges.

Trouver des juges, et les trouver au plus tôt, c'est, pour l'individu soupçonné, l'intérêt le plus pressant. La surveillance de la Chambre de protection empêchera qu'il ne soit froissé. Son contrôle amènera les injonctions du procureur général, si elles sont jugées nécessaires, et s'il n'est tenu aucun compte des observations qu'elle fera elle-même. Par qui voudrait-on que la procédure fût activée, si nul n'avait le droit de la suivre, d'étudier l'allure qui lui est donnée. Et remarquez que le secours de la Chambre ne se bornera pas à provoquer des mesures disciplinaires à propos d'un fait passé depuis longtemps; il veillera sur le présent et ne permettra pas que la marche du procès se

ralentisse, ni que le jour de la décision soit inutilement reculé.

Une réprimande qui viendrait trop tard, c'est-à-
dire quand beaucoup de temps serait déjà perdu,
ne produirait qu'un demi-bien. La surveillance
permanente et toujours à propos, exercée par la
Chambre de protection, empêchera que l'inculpé
ne passe dans la maison d'arrêt un seul jour sans
qu'il y ait nécessité.

CXXVII.

MAISON D'ARRÉT.

La mise en détention préventive place un individu sous la main de la justice. Il résulte de cette
idée et de ce fait que la justice restera responsable de la manière dont l'individu sera gardé
jusqu'au moment où il sera jugé.

Tout le monde comprend très-bien que les maisons de correction et de détention ne soient pas
placées sous le contrôle de l'administration judi-

ciaire. Donner à la justice la direction de ces maisons, ce serait déclarer que la justice devra pourvoir à l'exécution de la peine qu'elle aura ordonnée : déclaration entièrement contraire à tous les principes admis sur la séparation des pouvoirs. Si les maisons de peine étaient soumises au pouvoir judiciaire, ce pouvoir serait véritablement investi du droit d'exécuter ses arrêts, puisqu'il serait chargé d'appliquer lui-même la peine qu'il aurait décrétée. La division consacrée qui place le pouvoir judiciaire d'un côté, le pouvoir exécutif de l'autre, ne permet pas qu'il en soit ainsi.

Mais les idées sont tout autres pour ce qui regarde la détention préventive. En droit, ce n'est point une peine; elle n'est qu'une privation de liberté exigée par l'intérêt de la bonne administration de la justice, et en dehors de tout jugement véritable. Jusqu'au moment d'une décision définitive, la justice ne se dessaisit pas de la personne de l'inculpé. Le sacrifice de la liberté est fait dans l'intérêt même de la justice, qui représente l'ordre social, l'utilité sociale. Si la justice demande un aussi douloureux sacrifice, il est juste qu'elle veille sur celui qu'elle détient elle-même à sa disposition, et de qui elle exige tant.

La haute surveillance des maisons d'arrêt et de justice appartiendra donc à un pouvoir judiciaire, et ce pouvoir sera la Chambre de protection. Ce ne sera pas lui remettre le soin d'appliquer une peine; ce sera lui confier un être présumé innocent.

Il est bien vrai que les maisons d'arrêt et de justice seront administrées, dans l'Atlantide, par des directeurs, des gardiens, ayant pour principal devoir de mettre en œuvre les volontés de la loi et des ordonnances ;

Sed quis custodiet ipsos Custodes?

Mais qui gardera les gardiens? Ce ne sera pas assez qu'un préfet visite les maisons d'arrêt et de justice une fois par an ; que le juge d'instruction, le maire, les visitent une fois par mois; que des inspecteurs généraux y fassent de rares apparitions; et les commissions de surveillance ne rendraient peut-être que des services insuffisants, si elles agissaient là-bas comme elles font parfois dans un autre pays, si l'on en croit la circulaire de **M.** Dufaure, que nous avons citée au paragraphe LXXXIX.

Le meilleur des contrôles sera celui exercé par notre Chambre de protection, parce que ce contrôle sera permanent, certain, et qu'il sera confié à des juges pour qui tous les devoirs sont sacrés et dont l'autorité élevée ne s'emploie jamais sans succès.

Une fois chaque semaine, au moins, et toutes les fois au surplus que la Chambre de protection le jugera convenable, elle visitera les maisons de détention préventive établies près le tribunal; elle verra si les individus mis sous la garde de la justice ne sont pas traités plus durement qu'ils ne doivent l'être; elle se fera présenter les registres d'écrou, et en même temps tous les individus détenus préventivement, même ceux mis au secret; elle écoutera leurs réclamations ; vérifiera le sujet de leurs plaintes, et, par une inspection attentive, répétée souvent, et toujours imminente, la chambre de protection préviendra tout abus possible, fera cesser toute douleur inutilement ajoutée à celle de la détention préventive.

CXXVIII.

PROTECTION.

Pour compléter ce que nous avons dit sur le rôle que jouera la Chambre de protection, nous ajouterons que ses pouvoirs concorderont avec son titre, et qu'elle sera instituée pour protéger, en toute occasion et contre tout excès, les droits de l'indépendance civile. Dans ce but, ses attributions seront générales et ne se renfermeront pas strictement dans les cas de surveillance que nous venons d'étudier en détail.

Celui qui voudra se plaindre d'une atteinte quelconque portée à la liberté civile, soit de lui-même, soit d'autrui, aura le droit de recourir aux magistrats de la Chambre de protection. De quelque part que vienne la violation du droit, de quelque manière que cette violation ait fait souffrir, la plainte portée devant la Chambre de protection sera écoutée.

L'article 60 du sénatus-consulte organique du 28 floréal an xii avait institué une Commission sénatoriale de la liberté individuelle. Quand bien même cette Commission subsisterait toujours, quand bien même elle aurait la faculté de redresser tous les torts causés à la liberté des individus, comment pourrait-elle être instruite de toutes les irrégularités à relever? Comment pourrait-elle être à même de les corriger en temps utile?

Elle serait trop loin pour être invoquée de partout; elle serait trop haut pour être connue de tous les intéressés. Le défenseur qui rend le plus de services, c'est celui qui se tient à la portée de tout le monde, qui est voisin de l'individu lésé, et qui est facile à invoquer.

Comment un paysan, tenant le manche de la charrue ou occupé à la moisson, pourrait-il apprendre qu'il est une Commission sénatoriale instituée pour défendre la liberté de ses actions et de son corps? Il ne sait même pas le plus souvent qu'il est un procureur général chargé de surveiller tous les officiers de police judiciaire ayant le droit d'ordonner une arrestation.

Mais il sait très-bien que, tout près, dans la ville voisine, un tribunal rend des jugements et représente la justice; il sait que là il a trouvé des juges intègres; il a mis en ces magistrats toute sa confiance. Tout le monde fait comme lui. Aussi il sera permis, dans notre nouveau monde, de recourir au tribunal, toutes les fois qu'une atteinte sera portée à la liberté civile. Ni l'ignorance, ni la distance, n'entraveront aucun des bénéfices établis par la loi. Le président, sur la plainte portée, convoquera la Chambre de protection. Si la récrimination paraît fondée, la Chambre en instruira le procureur général ou le ministre de la justice.

Elle pourra même, si elle le juge convenable, déférer l'acte suspect à la Cour de cassation, qui sera, en matière de liberté civile comme en toutes questions, le refuge suprême. La Cour décidera si le fait incriminé a été, oui ou non, légalement et valablement ordonné.

— Telles seront les attributions de la Chambre de protection pour l'indépendance civile.

CXXIX.

JUGEMENT CORRECTIONNEL.

Jamais un magistrat, qui aura connu du procès d'un individu dans le cours de l'instruction préalable, n'aura le droit de siéger comme juge de cet individu. Déjà ce magistrat n'a pas le droit d'assister le président d'une Cour d'assises. A plus forte raison ne fera-t-il pas partie d'un tribunal correctionnel, puisque il y serait investi du droit, non-seulement d'appliquer la peine, mais encore de prononcer sur la culpabilité.

Quelle serait, en France, la conséquence de cette exclusion ? c'est qu'un juge suppléant serait forcément appelé à siéger presque toujours aux audiences correctionnelles. Dans notre nouveau monde, cette perpétuité ne sera pas admise.

Il n'est qu'un moyen pour l'empêcher, c'est qu'il n'y ait point de tribunal dont le personnel ne comprenne pas au moins quatre juges. Nous n'hésiterons pas à accepter cette solution ; tous nos tribunaux de première instance, à quelque classe qu'ils appartiennent, auront au moins quatre magistrats titulaires inamovibles.

CXXX.

QUATRE JUGES.

De nombreuses raisons justifient la composition des tribunaux de première instance, telle qu'elle sera établie suivant le principe qui précède. Nous connaissons les principales au point de vue du droit criminel.

En premier lieu, sur quatre juges, un au moins réunira toujours les conditions d'activité physique nécessitées par les exigences de l'instruction des affaires criminelles. Par suite, les juges suppléants

ne seront appelés que d'une manière tout à fait
rare et momentanée à un service expressément ré-
servé aux magistrats inamovibles.

De plus, notre Chambre de protection pour l'indépendance civile ne pourrait pas fonctionner
comme nous l'avons indiqué, si certains tribunaux
de première instance n'étaient composés que de
trois juges.

Enfin, le quatrième juge titulaire sera indispensable, puisque dans les tribunaux correctionnels
trois juges titulaires devront siéger en règle générale, et puisque le juge d'instruction ne jugera pas
les affaires dont il aura connu. Avec un personnel
de quatre juges, un juge suppléant ne siégera au
tribunal correctionnel que très-rarement, et pour
remplacer un juge titulaire empêché accidentellement.

Tous les motifs sur lesquels s'appuie l'idée de
donner à tout tribunal de première instance quatre
juges inamovibles se résument en un seul : l'intérêt de la liberté civile.

Nous ne voulons pas redire pourquoi le juge

suppléant n'aura pas le droit d'être juge d'instruction ; nous ferons seulement observer que l'inculpé
aura tout intérêt à ce que la Chambre de protection, et aussi le tribunal correctionnel, forment leur
conviction en l'absence du magistrat instructeur.

Si le juge instructeur siégeait, soit dans la
Chambre de protection, soit au tribunal correctionnel, il serait à craindre que, avant même toute
explication, toute réfutation, l'inculpé n'eût déjà
un de ses juges déclaré contre lui. Le magistrat
qui aura, dès le principe, saisi un certain côté du
procès, qui aura pensé que la poursuite devait
être exercée, qui aura peut-être décerné contre
l'inculpé le mandat de dépôt, tant il le croit compromis, pourrait se trouver, involontairement,
plus disposé à admettre la culpabilité que l'innocence. Ne serait-il pas à craindre qu'il fût question
pour lui, malgré sa bonne foi et sans qu'il s'en
doute, non pas d'une décision à prendre, mais
d'une peine à fixer (*non judicium sed pœnam statui.*
Tacite).

Si le tribunal condamne l'individu dont le juge

d'instruction a ordonné l'emprisonnement, c'est dire que cette mesure a été prise à propos. Si, au contraire, il acquitte, c'est critiquer formellement et publiquement la manière de voir et de procéder du magistrat instructeur. Or, ce magistrat ne serait-il pas, en quelque sorte, juge en sa propre cause?

Le prévenu, en comparaissant devant un tribunal où siége le magistrat instructeur, ne pourrait-il pas craindre que ce magistrat n'employât aussi tous ses efforts pour faire partager à ses collègues sa manière de voir? Le prévenu n'aurait pas alors à se défendre uniquement contre l'accusation du ministère public qu'il peut réfuter; il trouverait au sein même du tribunal un autre accusateur qu'il ne pourrait ni entendre, ni combattre.

CXXXI.

ACQUITTEMENT CORRECTIONNEL.

Un dernier point. — Un individu en état de détention préventive, conformément aux règles que nous avons tracées dans le paragraphe **CX**, comparaît par-devant un tribunal de police correctionnelle, et il est acquitté. Sera-t-il libre immédiatement? La faveur due au principe de la liberté civile, la forte présomption d'innocence qui résulte d'un jugement d'acquittement, l'emporteront-elles sur les exigences de la détention préventive? Non, pas d'une manière absolue.

Avec le système que nous avons adopté, et qui consiste à ne soumettre à la détention préventive que des individus poursuivis pour des délits réellement graves, cette restriction a moins d'importance. Néanmoins, comme nous sentons vivement toute l'énergie de ces deux termes : *un acquittement*, *la liberté civile*, nous nous efforcerons d'être fidèle à nos idées, tout en ne sacrifiant rien de l'intérêt public.

Si l'individu détenu préventivement, et qui a été acquitté en police correctionnelle, est retenu malgré l'acquittement, cette rigueur paraîtra nécessaire à ceux qui se diront qu'une mise en liberté immédiate peut favoriser la fuite d'un individu poursuivi pour un délit grave. Un appel interjeté par le ministère public remet tout en question ; l'acquittement disparaît, et, si une condamnation intervenait en Cour d'appel, comment l'exécuter quand le coupable aurait disparu ?

C'est cette disparition qu'il faudra empêcher.

A cet effet, lorsqu'un acquittement aura été prononcé en police correctionnelle, l'individu acquitté pourra être retenu, mais seulement pendant vingt-quatre heures.

Le magistrat du parquet, après avoir suivi le procès, non pas seulement pendant le cours de l'instruction préalable, mais encore à l'audience où se produit l'instruction définitive, après avoir discuté, jugé par lui-même les moyens de la dé-fense, et ajoutant à tous ces éléments de conviction les considérants du jugement qui déclare que le prévenu est innocent, n'aura pas besoin, dans notre nouveau monde, de méditer pendant trois jours sur une affaire dont il doit si bien connaître le fort et le faible, avant de savoir s'il doit ou non interjeter appel d'un jugement rendu contre les conclusions de l'accusation. Sa conviction doit être formée lorsqu'il sort de l'audience, ou bien, au plus tard, le lendemain.

C'est jusqu'à ce moment que l'individu acquitté sera gardé en prison. Si le ministère public pense qu'un appel doit être interjeté, il le posera dans ce délai pour éviter toute possibilité de fuite, et le prévenu restera détenu jusqu'à l'arrêt sur l'appel. Si le ministère public n'a pas interjeté appel dans les vingt-quatre heures qui suivront le prononcé de l'acquittement, la mise en liberté de l'individu acquitté ne pourra être suspendue plus longtemps; sans préjudice toutefois du droit du ministère public d'interjeter appel dans les délais et suivant les prescriptions ordinaires de la loi.

CXXXII.

Nous avons terminé d'indiquer les données principales d'un système de procédure criminelle différent de celui consacré par le Code de 1808.

Beaucoup de choses restent à dire sur la liberté individuelle, sur son importance, sur les garanties qui lui sont dues. Les écrivains de mérite peuvent seuls avoir la prétention de ne rien produire d'incomplet. Si ce livre éveille la discussion, et détermine un examen des lois sur l'indépendance civile, il aura touché son but. Un simple essai ne peut rien autre chose par lui-même que d'appeler sur un point l'attention des hommes de valeur : c'est le rôle des modestes écrits traitant de grandes choses ; rôle très-effacé, utile cependant.

Ne peut-il pas se trouver, en effet, un homme grand par le cœur, par le talent et par la situation, qui prenne en main cette cause de la liberté individuelle impérissable, à propos de laquelle j'ose élever une voix inconnue. Si cet homme pensait que les lois de procédure criminelle peuvent être remplacées par des dispositions préférables ; s'il le disait avec l'ascendant d'un mérite et d'une autorité sans conteste ; s'il le démontrait, s'il faisait admettre en même temps un système nouveau qu'il poserait comme la meilleure conciliation du droit naturel et des exigences sociales, quel service infini cet homme déjà célèbre ne rendrait-il pas à l'universalité de ses concitoyens ! Il faut un nom pour mener à bien une si difficile entreprise ; quelque grand que soit ce nom, le bienfait rendu le grandirait encore.

Il n'est plus de divisions de partis quand il s'agit d'aimer l'indépendance civile : en soutenant sa cause, tous assurent à jamais l'avenir. Les hommes de tous les rangs, de toutes les situations, peuvent être soupçonnés, je le rappelle une seconde fois. Toutes les positions, toutes les espérances, tous les essais, tous les goûts, toutes les réclamations, s'abritent sous le principe de la liberté civile ; et tout est bien avec des lois qui garantissent le principe pour tous les temps.

On s'effraye lorsqu'on voit le nombre de ceux qui, chaque année, sont mis en détention préventive, sans avoir rien fait qui puisse leur attirer une condamnation. Pour ne pas abuser des renseignements fournis par la statistique, prenons une année seulement, l'année 1858. Demandons-nous combien elle a vu d'arrestations d'une part, de condamnations de l'autre.

Le rapport sur l'administration de la justice criminelle en France pendant l'année 1858 a été présenté le 12 mars 1860. On voit dans ce rapport qu'en 1858, soixante-six mille six cent quatre-vingts individus ont été arrêtés préventivement. Sur ce nombre, les Cours d'assises ou les tribunaux correctionnels ont condamné quarante-sept mille six cent seize individus. C'est-à-dire que dix-neuf mille soixante-quatre individus ont obtenu leur renvoi, d'une manière ou d'une autre.

Retenons bien le chiffre : *dix-neuf mille* des individus arrêtés préventivement en 1858 n'ont pas été condamnés.

Tous ont perdu dans les prisons plusieurs jours de cette existence dont les moments sont si peu nombreux et qui passe comme l'éclair. A coup sûr, il s'est trouvé parmi eux des chefs de famille, dont l'absence laissait dans l'abandon des enfants et des biens.

Souvent la détention préventive est une nécessité, nous l'avons dit. L'important, c'est donc de restreindre cette détention autant que faire se peut.

Avec la plus ferme intention de rester fidèle au droit, à la justice, un magistrat peut commettre des erreurs. Ces erreurs n'ont que rarement des conséquences graves avec des lois qui soumettent à un contrôle sévère les actes d'une haute portée. Quel chagrin profond doit ressentir celui qui a compromis, malgré l'excellence de sa droiture, la position, la fortune de l'un de ses concitoyens! Le magistrat doit désirer, lui surtout, que les formalités prescrites par la loi rendent ce désastre à jamais impossible. Qu'une étude approfondie démontre comment il deviendra infiniment rare.

Je suis convaincu que des travaux sur le sujet de ce livre donneraient, par leur publication seule, d'excellents résultats. Ces études montreraient de quel intérêt suprême la liberté individuelle est pour tout le monde; elles proclameraient l'utilité inestimable des scrupules habituels à nos magistrats ; elles diraient aux agents subalternes que la modération est le plus impérieux de leurs devoirs.

Aussi, quand bien même la révision de la loi ne serait pas effectuée, j'ai pensé qu'il pouvait être utile de travailler à l'obtenir.

—

RECTIFICATIONS.

Page 33, ligne 11, *au lieu de :* ne, *lisez :* n'en.

Page 64, ligne 3, *au lieu de :* préface, *lisez :* volume 1er, page 18.

Page 335, ligne 16, *au lieu de :* jours, *lisez :* heures.

TABLE DES MATIÈRES.

PARIS. IMP. PAUL DUPONT, RUE DE GRENELLE-SAINT-HONORÉ, 45. (000)

PARIS, IMPRIMERIE DE PAUL DUPONT

45, rue de Grenelle-Saint-Honoré

9 782329 158570